THE HISTORY 세계사 인물 15
페스탈로치

THE HISTORY 세계사 인물 15

페스탈로치

펴낸날 2025년 8월 21일 1판 1쇄

펴낸이 강진균

글 신충행

그림 김민정

편집·디자인 편집부

마케팅 영업부

제작 강현배

펴낸곳 삼성당

주소 서울시 강남구 선릉로 747 삼성당빌딩 9층

대표 전화 (02)3443-2681　**팩스** (02)3443-2683

출판등록 1968년 10월 1일 제2-187호

ISBN 978-89-14-02197-7 (73990)

본 저작물은 저작권법에 따라 보호를 받는 책이므로 무단 전재와 무단 복제를 금합니다.
※ 파본은 바꾸어 드립니다.

THE HISTORY 세계사 인물 15

페스탈로치

차례

믿음에서 태어나다 ············ 11

보드머 교수의 교훈 ············ 33

계속되는 시련 ············ 59

사랑의 협력자 ············ 76

새로운 교수법 …………………………… 100

페스탈로치의 생애 ………………………… 122

페스탈로치 …………………………………… 123

믿음에서 태어나다

1746년, 스위스 취리히의 거리 한 모퉁이에 요한 밥티스터란 젊은 의사가 그의 부인 수잔나와 함께 오순도순 살고 있었다.

그들에게는 첫째 아들 밥티스터가 있었는데, 수잔나는 또 아기를 가졌다.

수잔나의 배는 날이 갈수록 점점 불러오더니, 드디어 만삭이 되었다. 그녀는 이따금 진통을 겪으며, 오늘내일 아기 낳기를 기다리고 있었다.

1월의 어느 날, 산모의 고통스러운 진통의 신음으로 온 집안이 떠들썩했다.

이윽고 갓난아기의 울음소리가 이웃집까지 들려왔다.

"순산했어요. 아들이에요."

이웃집 할머니의 말에 아버지와 어머니는 기쁨을 감추지 못한 채 하느님께 감사의 기도를 드렸다.

이때 목사로 일하던 할아버지와 할머니는 며느리가 손자를 낳았다는 소식을 듣고, 8km나 떨어진 헹크 마을에서 단숨에 달려왔다.

"아들을 낳았다니! 벌써 손자가 둘이나 되었네. 참으로 기쁜 일이다."

할아버지는 연신 웃음을 터뜨리며 하느님께 감사의 기도를 올렸다.

며칠 후, 할아버지는 새로 태어난 아기의 이름을 요한 하인리히 페스탈로치라고 지어 주었다.

페스탈로치는 태어날 때부터 몸이 좀 허약했으나, 부모님의 정성 어린 사랑으로 무럭무럭 자랐다.

어머니는 원래 부잣집 딸로 태어났지만, 요한 밥티스터에게 시집을 온 후로는 가난한 살림을 꾸려 가기에 여념이 없었다.

원래 페스탈로치의 집안 사람들은 이탈리아의 사보나에서 손꼽히는 독실한 기독교인이었다.

16세기 때, 페스탈로치의 증조부인 안토니오 페스탈로치가 이탈리아 정부와 구교도의 억압에 견디다 못해, 스위스의 취리히 지방으로 피해 와 살게 된 것이다.

페스탈로치의 아버지는 내과 겸 안과 의사로 크게 이름을 떨쳤다.

"선생님, 우리 애가 배탈이 났나 봐요."

"아이고, 제가 먼저 왔어요."

아버지의 병원에는 항상 아픈 사람들이 찾아왔다.

"눈물이 흐르고 아파요."

"그럼, 결막염일 텐데 어디 봅시다."

아버지는 제때 가족과 함께 식사도 할 수 없을 만큼 바빴다. 어머니는 자주 아이들과만 식사해야 했다.

"아가야, 오늘도 아빠는 바쁘시구나."

뒤늦게 아버지가 돌아오셔서는 궁색한 변명을 했다.

"오늘따라 웬 환자들이 그렇게 밀려드는지……."

"다 끝나셨어요? 항상 바쁜데도 살림은 늘 궁색하니……."

"미안하구려. 인술의 도를 따르려니……."

예로부터 의술은 사람을 살리는 인자한 기술이라 하여 인술이라 불렀다.

밥티스터는 자신에게 주어진 그러한 신성한 의무를 하느님의 뜻이라고 생각하여, 치료비를 낼 수 없는 환자들에게 무료로 치료해 주기도 했다.

1750년, 어느덧 페스탈로치가 네 살이 되었다.

그는 어릴 때부터 아버지의 방에 들어가 책꽂이에 꽂혀 있는 많은 책을 뒤적이며 놀았다.

그리고 가끔 아버지의 무릎에 올라앉아, 여러 가지 재미있는 이야기를 듣는 것은 무엇보다 즐거운 일이었다.

비록 살림은 넉넉지 못했지만, 페스탈로치의 가정은 항

상 평화로웠다.

그런데 평화스러웠던 이들 가정에 어두운 그림자가 드리우기 시작했다. 아버지 밥티스터가 갑자기 쓰러졌기 때문이다.

의사라는 직업을 천직으로 알고, 자기의 건강은 돌보지도 않고 환자들을 치료해 온 아버지는 너무 무리하게 일한 탓으로 병이 난 것이다.

페스탈로치는 전처럼 아버지의 방에 가서 책을 보고 싶은 마음도 없어졌다.

항상 아버지가 다정한 목소리로 들려주던 이야기들만 귓기에서 맴돌 뿐이있다.

페스탈로치는 하루라도 빨리 아버지의 무릎에 앉아 이야기를 다시 듣고 싶었다.

그러나 아버지의 병세는 날이 갈수록 더 심해졌다.

어머니는 외삼촌인 호트 박사와 의논하여 여러 가지 약을 써 보았지만, 병세는 회복되지 않고 더 악화해 갔다.

그 무렵, 어머니는 아버지를 간호하느라고 지쳐서 건강

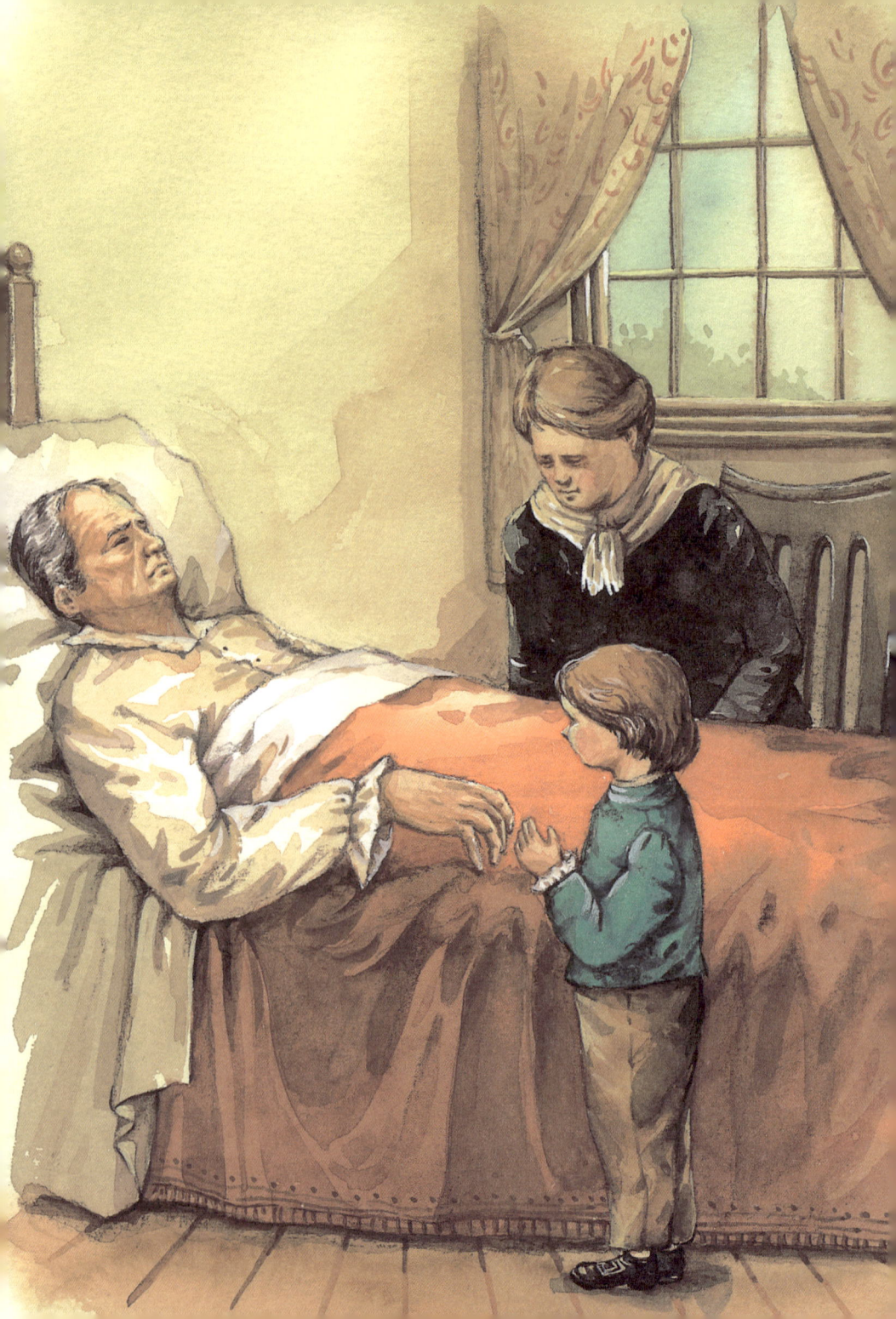

이 말이 아니었다. 게다가 아이들의 시중까지 들어가며 집안일해야 했기 때문에 어머니의 몸은 쓰러질 듯이 약해졌다.

"이거 큰일이다. 너마저 앓아누우면 이 집안 꼴이 말이 아니겠구나."

페스탈로치의 집을 다녀갈 때마다 외삼촌 호트 박사는 이렇게 어머니의 건강을 걱정했다.

그러던 어느 날, 외삼촌은 하녀 한 사람을 구해서 페스탈로치의 집으로 보내 주었다.

외삼촌이 보내 준 하녀 바벨리가 온 뒤, 집안 살림과 아이들 돌보는 일은 모두 그녀가 도맡았다. 그리고 어머니는 오로지 아버지의 간호에만 온 힘을 쏟았다.

바벨리는 보기 드물게 부지런했으며 마음씨도 착해, 페스탈로치의 집에 온 지 3개월도 채 못 되어 온 식구들의 사랑을 한 몸에 받았다.

아이들은 그녀를 친누나처럼 따랐으며, 그래서 어머니는 마음 놓고 아버지를 보살필 수가 있었다.

하지만 아버지의 병세는 어머니의 극진한 간호에도 불구하고 돌이킬 수 없을 만큼 악화해 있었다.

아버지는 이제 자신의 생명이 얼마 남지 않았다는 것을 예감하고 있었다.

이제 죽음을 앞둔 절박한 때였지만, 아버지는 자기 죽음에 대해서는 별로 생각하지 않았다.

아버지는 오로지 남은 가족들만이 걱정스러웠다.

아버지는 며칠을 곰곰이 생각하던 끝에 하녀 바벨리를 조용히 불러 부탁했다.

"바벨리, 네게 무리한 부탁을 해야겠구나. 내 마지막 부탁이니 꼭 들어 주렴. 혹시 내가 죽더라도 우리 식구 곁을 떠나지 말고 보살펴 주면 어떻겠니? 너도 알겠지만, 마님은 부잣집 딸이기에 고생을 모르고 자랐고, 몸도 허약하니 네가 곁에서 도와주지 않는다면 저 아이들은 살아갈 수 없을 거야. 네가 결혼할 때까지만이라도 우리 집안을 도와주었으면 좋겠구나."

"선생님, 걱정하지 마세요. 무슨 일이 있어도 저는 마님의 곁을 떠나지 않을 거예요. 제가 도움이 된다면 죽을 때까지 마님과 같이 살겠어요."

이 따뜻한 위안의 말에 아버지는 크게 마음을 놓은 듯했다.

바로 그날 저녁, 아버지는 서른세 살의 젊은 나이로 숨을 거두었다. 아버지의 죽음은 페스탈로치 집안을 슬픔의 소용돌이 속으로 몰아넣고 말았다.

어머니는 하늘이 무너지는 듯한 절망감으로 아이들을 붙잡고 눈물만 흘렸다.

취리히 거리에서는 사람들이 모여 슬픔을 나누고 있었다.

"밥티스터 선생이 돌아가셨대요!"

"아니, 그게 정말이요?"

"그 훌륭한 분이 돌아가시다니……."

"세상에! 하늘도 무심하시지."

그동안 무료로 치료를 받았던 가난한 사람들이 몰려와 그의 죽음을 안타까워했다.

"하느님! 정말 너무 하십니다."

"오, 선생님! 그 젊은 나이에 가시다니요."

아버지의 장례식은 주민들의 도움을 받아 무사히 치를 수 있었다.

그 후, 페스탈로치 집안에는 한 가닥 빛이 스며들었다.

그것은 바벨리의 따뜻한 마음에서 우러나온 헌신적인 사랑의 빛이었다.

짐을 잔뜩 실은 포장마차 한 대가 상쾌한 바람을 안고 취리히호숫가를 달렸다.

그 마차에는 어머니와 페스탈로치 3남매가 타고 있었다.

말없이 호수를 바라보던 어머니의 눈에는 눈물이 샘솟듯 흘렀다.

어머니의 옆에 앉아 있는 페스탈로치 형제도 생기 없는 눈으로 멍하니

호수만 바라보았다.

어머니의 품에 안긴 어린 딸만은 아무것도 모르고 쌔근쌔근 잠들어 있었다.

페스탈로치의 가족들에게는 아버지가 세상을 떠난 후로 처음 갖는 나들이였다. 그들은 앞으로의 생활에 대해 의논하기 위해 외삼촌을 찾아가는 길이었다.

마차는 마침내 외갓집에 닿았다.

"너희들 왔구나! 참 잘 왔다. 먼길을 오느라고 몹시 시달렸지. 어서 들어가자."

외삼촌은 가엾은 누이동생과 조카들을 따뜻하게 맞이해 주었다. 페스탈로치 형제는 외갓집 아이들과 즐겁게 놀기 시작했다.

점심 식사를 끝낸 후, 어머니와 외삼촌은 정원의 벤치에 나와 앉았다.

"수잔나! 혼자서 어떻게 저 어린것들을 데리고 살아갈 수 있겠니? 아이들을 데리고 여기 와서 같이 살자꾸나. 아이들은 내가 맡아서 훌륭히 공부시킬 테니 아무 걱정하지 말고, 이곳으로 옮겨 오너라."

"오빠의 말씀은 정말 고마워요. 하지만 저는 저 아이들을 제 손으로 키우겠어요. 그것은 남편의 뜻일 뿐만 아니라, 그이가 죽은 후 굳게 다짐한 제 결심이기도 해요. 저는 아이들을 위해서 어떠한 고생이라도 할 각오가 되어 있어요."

이렇게 말하는 어머니의 태도에는 그 누구도 꺾을 수 없는 강한 의지가 담겨 있었다.

"수잔나, 넌 정말 훌륭하구나! 너의 그런 심정이 진정한 어머니의 마음이란다. 네 생각이 그렇다면 나도 더 이상 권하지는 않겠다. 그러나 어려운 일이 있을 때는 언제든지 찾아오너라."

"고마워요, 오빠! 종종 찾아와서 의논할게요."

이튿날, 어머니와 페스탈로치 3남매는 다시 마차를 타고 바벨리가 기다리고 있는 취리히의 집으로 향했다.

"집이다! 누나!"

"왔구나! 너희들 잘 다녀왔니?"

친정에서 돌아온 어머니의 말을 다 듣고 난 바벨리가 말했다.

"마님, 잘 생각하셨어요. 저도 주인어른과 약속한 대로 열심히 일을 하며 도와드리겠어요."

그 후부터 어머니와 바벨리의 고생스러운 생활이 시작되었다. 아버지가 남겨 준 얼마 안 되는 돈은 금세 바닥이 났다.

어머니와 바벨리는 삯바느질도 하고, 뜨개질도 하는 등 돈벌이가 되는 일은 놓치지 않고 했다.

물론 외삼촌이 가끔 와서 도와 주긴 했지만, 어머니는 스스로 살아가려고 몸부림을 쳤다.

페스탈로치는 방학 때가 되면 으레 헹크 마을의 할아버지 댁에 가서 지내곤 했다.

헹크 마을의 목사인 할아버지와 손을 잡고 들판을 거닐며 여러 가지 이야기를 들었다.

헹크 마을의 목사인 할아버지는 매일 농가를 방문하여 병자도 돌봐 주고, 같이 기도를 드리기도 하고, 어려운 일이 있으면 대신 나서서 해결해 주는 분이었다.

그뿐만 아니라, 마을의 학교 일도 봐주는 등 하루 한 시도 쉴 새 없이 바쁘신 분이었다.

어느 날이었다. 할아버지는 페스탈로치를 데리고 대장장이 안토니오네 집을 찾아간 일이 있었다. 안토니오의 대장간*은 헹크 마을에서 조금 떨어진 변두리에 있었다.

그런데 할아버지와 페스탈로치가 대장간 앞에 와 보니, 대장장이 안토니오는 일은 하지 않고 커다란 풀무 앞에 우두커니 앉아 있었다. 모루 위에는 만들다가 만 호미나 괭이, 삽, 낫 따위가 널려 있었다.

"안토니오!"

할아버지는 나무라듯이 불렀다.

"목사님께서 오셨군요."

대장장이 안토니오는 그제야 누가 온 것을 알아차리고

대장간

시우쇠를 다루어 연장을 벼리거나 만들어 내는 곳을 말한다. 풀무, 모루, 정, 메, 집게, 대갈마치, 숫돌 등을 갖추어 두고 일을 한다.

모루 위에 쇠를 올려놓고 작업하고 있다.

일어나면서 반갑게 맞이했다.

"어때요, 바쁘지 않소?"

"네."

안토니오는 오른손으로 머리를 긁적이더니 어물어물 대답했다.

"취리히에 사는 손자도 왔군요. 페스탈로치가 올 줄 알았으면 장난감이라도 하나 만들어 놓을 걸 그랬어요."

대장장이 안토니오는 페스탈로치를 보고는 싱글벙글 웃었다.

"안녕하세요? 아저씨!"

그때 할아버지가 안토니오에게 물어보았다.

"왜 오늘은 풀무가 쉬고 있소?"

"주문이 많아 이것저것 일을 좀 했더니, 몸이 피곤해서 며칠 쉬는 중입니다."

"그렇다면 다행이군. 과로를 해서는 안 되지. 그건 그렇고, 아이들과 부인은 어디 갔소?"

"저 건너 목장에서 양이 한 마리 없어졌다고 해서 함께 찾으러 갔어요."

"아이들이 있었으면 우리 페스탈로치와 같이 놀았으면 좋겠는데……."

"글쎄요. 올 시간이 되었는데 아직도 안 오고 있네요."

"그럼 늦게라도 오면 오늘 밤 목사관으로 와서 놀다 가라고 해 주오."

"네, 감사합니다. 꼭 전하겠습니다."

할아버지와 페스탈로치가 떠나려 하자, 대장장이 아저씨는 얼른 페스탈로치에게 빙긋이 웃으며 말했다.

"페스탈로치, 잘 가거라. 다음에 올 때는 거북이 한 마리를 만들어 놓으마. 엉금엉금 기어다니는 거북이 말이다."

"아저씨, 진짜 움직여요?"

페스탈로치는 반가운 듯 물었다.

"암, 움직이고말고. 천천히 기어다닌단다."

"네, 좋아요. 꼭 만들어 줘요. 그럼 안녕히 계세요."

"오냐, 잘 가거라."

할아버지와 페스탈로치는 손을 흔들며 인사를 하고, 그

곳을 떠났다.

대장장이 아저씨는 두 사람의 그림자가 사라질 때까지 길가에 나와서 우두커니 서 있었다.

할아버지와 페스탈로치가 집으로 돌아오는 동안, 어느덧 해가 저물어서 멀리 우뚝 솟은 알프스*의 드높은 산도 골짜기에서부터 차차 어두워져 서쪽 능선만이 마지막 햇빛으로 빛나고 있었다.

저만큼 보이는 목사관의 창에 지금 막 불이 켜졌다. 할아버지와 페스탈로치를 기다리고 있던 할머니가 등불을 켜 놓은 것이다.

알프스

유럽의 지붕을 이루는 대습곡 산맥으로 프랑스, 스위스, 이탈리아, 오스트리아에 걸쳐있다. 조산 운동과 빙하의 침식으로 산 모양이 매우 복잡하며, 뾰족한 산봉우리, 빙하, 초원, 호수 등이 아름다운 경치를 이루어 세계의 공원으로 불린다.

알프스산맥 아래 뮈렌 마을, 1,600미터 고지이다.

오스트리아와 함께 영세 중립을 보장받은 스위스

스위스는 유럽 중부에 있는 연방 공화국으로 수도는 베른이다. 서쪽으로 프랑스, 북쪽으로 독일, 동쪽으로 오스트리아와 리히텐슈타인 공국, 남쪽으로 이탈리아와 맞닿아 있다. 1648년 신성 로마 제국에서 독립하여, 1815년 영세 중립국으로 승인을 받았다. 주민은 독일계, 프랑스계, 이탈리아계로 구성되어 있고 독일어와 프랑스어를 사용한다.

국토

대부분이 산지와 호수로 이루어진 아름다운 나라로, '유럽의 공원'이라고 일컬어진다. 이 나라의 지형은 크게 알프스산맥, 쥐라산맥 및 이들 두 산지 사이에 끼어 있는 중앙 고원의 세 부분으로 나눌 수 있다.

북동쪽의 쥐라산맥은 비교적 낮은 편이나, 남쪽에 있는 알프스산맥은 높고 험준하여 몽블랑 마터호른 같은 높이 4,000미터가 넘는 산들이 연이어 있으며 그 꼭대기는 빙하와 만년설로 덮여 있다. 쥐라산맥과 알프스산맥 사이에 있는 중앙 고원은 스위스에서 가장 낮은 지역으로, 수도인 베른을 비롯한 도시들이 이

곳에 모여 있다.

기후

남쪽에서는 지중해성 기후가 서쪽에서는 대서양의 영향이 작용하고, 알프스의 계곡에서는 내륙성 기후를 이룬다. 연 강수량은 평균 1,000밀리미터를 넘지만, 알프스의 깊은 골짜기에서는 520밀리미터인 곳도 있다.

역사

프랑스 이탈리아 독일인들이 옮겨 살며 이룬 나라로, 10세기경부터 로마 제국의 지배를 받다가 1648년에 독립했으며 1815년 빈 회의로 영세 중립국이 되었다. 23개 주가 모여 연방 공화국을 형성하고 있는데, 각 주는 코뮌(주민 3,000명 이상의 도시 의회)에 의해 정치가 이루어지는 직접 민주 정치를 펼치고 있다.

자원

주요 산업은 관광업이며, 높은 산이 많아 농경지는 별로 없다. 이동 목축에 의한 낙농업이 발달하여 버터, 치즈의 생산량은 세

취리히. 스위스 경제상의 수도로서 재정과 금융의 세계적인 중심지이다.

계적이다. 현재 공업화가 앞선 나라로 산업 인구의 약 절반이 공업 인구이다. 그리고 공업의 중심은 제조 공업에 두며, 고품질 고급 제품이 그 특징이다.

지하자원은 거의 없으나 시계 화학 정밀 공업이 발달했으며, 특히 시계의 신용도는 세계적으로 유명하다.

라인강의 지류인 아레강 강가에 자리 잡은 수도 베른은 중세 때 건설된 역사 깊은 도시이며 제네바에는 국제기구 본부가 많다.

보드머 교수의 교훈

 1763년, 페스탈로치는 목사를 양성하는 취리히의 인문 대학에 입학하여 신학을 공부하기 시작했다.
 그 무렵, 페스탈로치는 보드머 교수를 매우 존경하고 있었다. 보드머 교수는 역사학과 정치학을 가르쳤지만, 그 외에도 가끔 학생들과 함께 여러 가지 이야기도 주고받았다.
 보드머 교수는 특히, 나라가 흥하는 데는 무엇보다도 젊은이들의 힘이 중요하다고 말하며 애국심을 불러일으켜 주었다.

페스탈로치는 가끔 보드머 교수를 찾아갔다.

어느 날이었다. 보드머 교수와 페스탈로치는 잔잔한 호숫가를 거닐며 서로의 생각을 털어놓았다.

"페스탈로치, 잘 생각해 보게. 귀족들은 서민을 학대하고, 부자들은 가난한 사람을 소나 말처럼 부리고 있으니 이게 될 말인가? 이런 세상을 학생들이 그대로 보고만 있어서야 되겠나? 자네들이 이러한 사회를 바로잡아야 한단 말일세!"

보드머 교수는 상기된 얼굴로 부르짖었다. 그 순간 페스탈로치의 젊은 피는 끓어올랐다.

보드머 교수의 깨우침을 받은 학생들은 이때부터 스스로 단체를 만들었다. 그들은 '애국자단'이라는 단체를 만들어, 나라를 번성케 하고 국민을 살리는 길을 연구하기로 했다.

페스탈로치는 대학에서 신학을 공부해서 할아버지처럼 목사가 되려고 했다.

그러나 보드머 교수의 가르침을 받고 애국자단 회원이 된 후로는, 목사라는 직업으로는 세상을 바로잡고 앞장서

서 가난한 사람이나 농민들을 도울 수 없다는 것을 깨달았다.

페스탈로치는 '애국자단'에 들어간 후 공부에 너무 몰두해서 몸이 많이 쇠약해졌다.

진찰 결과, 건강을 위해 당분간은 쉬라는 지시를 받았다.

그리하여 그는 신학 공부를 그만두고, 집에서 독학으로 법률 공부를 했다.

이 무렵, 페스탈로치는 프랑스의 사상가 루소의 저서를 읽고 크게 감명받았다.

페스탈로치는 애국자단의 여러 유능한 청년 중 블룬출리와 친했다. 블룬출리는 신학을 공부하고 있었는데 장차 대학교수를 꿈꾸고 있었다.

그밖에 리바이터, 휴스리, 나중에 페스탈로치의 아내가 된 안나와 그녀의 오빠 카스파 슐테스 등과도 어울렸다.

카스파 슐테스는 가끔 '애국자단' 회원들을 자기 집으로 초대해서 열띤 토론회를 갖기도 했다.

그럴 때 안나는 시를 읊기도 하고 노래도 불러, 단원들의 피로를 풀어 주고 즐겁게 해 주었다.

안나의 극진한 친절과 정성에 페스탈로치는 자꾸만 마음이 끌렸다. 그러던 어느 날, 페스탈로치는 고개를 끄덕이면서 어렸을 적 집 근처의 과자 가게를 언뜻 떠올렸다.

'맞다. 그때, 나를 타이르고 과자 봉지를 그냥 주던 그 안나 누나가 분명하다.'

페스탈로치가 일곱 살 때였다. 형 밥티스터와 함께 집 앞에서 놀던 페스탈로치는 과자가 먹고 싶었다.

마침, 형의 호주머니 속에는 동전 몇 푼이 있어 동생 페스탈로치에게 심부름을 시켰다.

어린 페스탈로치는 과자 가게로 달려갔다.

"과자 사러 왔어요."

페스탈로치는 가게 주인에게 얼른 손을 내밀며 반짝이는 동전을 보였다.

이때 곁에 있던 가겟집 소녀가 페스탈로치의 앞으로 다가서며 말했다.

"너에게는 과자를 팔지 않을 테야."

스위스 융프라우산 아래 외시넨호수 부근

그 소녀는 과자를 사러 온 페스탈로치보다는 예닐곱 살쯤 더 먹어 보이는 안나라는 소녀였다.

"안나 누나, 왜 과자를 안 팔아?"

"너에게만 팔지 않겠다는 거야."

"나, 여기 돈 있는 걸."

"너는 엄마가 고생하는 것이 걱정되지도 않니? 군것질만 하지 말고 저축을 해 봐. 내 말 알아듣겠니?"

안나 누나는 마치 친동생을 타이르듯 부드럽게 말해 주었다.

"그래, 누나 말이 맞아. 이제부터는 군것질은 그만하고 저축할 테야."

"정말 착하구나. 자, 이것은 그냥 주는 것이니까 받아. 형하고 사이좋게 나누어 먹어야 해."

"안나 누나, 고마워."

페스탈로치는 과자를 받아 들고 형에게로 뛰어갔다.

과자를 사러 갔던 어린 페스탈로치를 친절히 대해 준 나이 많은 안나 누나가 자기의 아내가 될 줄은 꿈에도 몰랐다.

페스탈로치가 스물두 살 되던 해의 봄이었다.

페스탈로치는 몸이 몹시 쇠약해져 집에서 휴양하며 법률 공부를 하고 있었다.

그러니 그는 몸도 괴로운 데다 마음속에 큰 고민까지 가지고 있었다.

'음, 블룬출리를 찾아가야겠어.'

그때 블룬출리는 폐병을 앓고 있었다.

"오늘은 좀 어떤가?"

"응! 오늘은 기분이 썩 좋네. 더구나 안나 양이 이렇게 친절하게 돌봐 주고 있으니……."

"다행일세! 실은 오늘은 내 문제에 대해서 자네의 의견을 들으려고 왔네."

"그래, 말해 보게."

"나도 그동안 몸이 몹시 약해졌어. 지난밤엔 한잠도 못 잤어. 의사 선생님은 학교를 쉬라고 하더군. 그래서 어떻게 해야 좋을지 자네에게 의논하러 온 거야. 아무래도 법률 공부를 그만두어야겠어."

"그게 무슨 당치않은 소린가? 큰 뜻을 품고 정치가가 되겠다고 하더니……."

"건강이 허락하지 않을뿐더러, 관리는 성격에 맞지 않을 것 같아. 그래서 내가 어려서부터 꿈꿔 온 농민 생활을 해 보려 하는 거야."

이 말에 블룬출리는 눈을 감고 한참을 생각하더니, 이윽고 조용히 입을 열었다.

"농부가 돼서 전원생활을 즐기는 행복은 나도 바라는 바일세. 하지만 개인의 행복만을 위해서 직업을 골라서는 안 되지. 나라와 사회를 위해 쓸모 있는 사람이 돼야 하네!"

"그야 물론이지. 얼마 전에 농업을 개량한 어떤 사람이 쓴 책을 읽어 본 일이 있는데, 거기에는 '인간의 값어치는 그 인간의 계급이나 직업으로 정해지는 게 아니라, 얼마만큼 여러 사람을 위하고 나라를 위해 일하는가에 있다. 농사란 흙에 파묻혀 식량을 만드는 거룩한 일이다.'라고 씌어 있더군. 나는 여기에 마음이 끌렸어. 이 말에 완전히 빠지고 만 거야."

"자네가 그 신성한 직업을 통해서 나라와 농민을 위해 일생을 바치겠다면, 나는 진정으로 찬성일세. 자네는 우선 농민을 구하기 위해서 그들의 생활을 잘 알아야 하네. 그렇지 않으면 모든 것이 헛수고에 지나지 않아."

"자네 말을 들으니 더욱 용기가 나는군. 나는 아무튼 농사에 정열을 쏟겠네."

"그렇게 하게나. 그것이 자네의 갈 길일세. 보드머 교수께서도 항상 우리에게 농업의 중요성을 강조하지 않았는가. 전에 교수님과 함께 보리를 베러 간 적이 있었지? 그때의 기분을 지금도 잊을 수 없네. 그러나 난 이젠 틀린 몸이야."

이렇게 말하고는 블룬출리는 쓸쓸히 웃었다.

"아니, 그게 무슨 소리야. 힘을 내야지."

블룬출리는 고개를 흔들면서 눈물을 주르륵 흘렸다.

"아니야, 나는 오래 가지 못할 것 같아. 아무리 가슴 속에 희망이 불타고 있어도 병으로 한번 쓰러지면 그만 아닌가. 그래서 나는 자네에게 큰 기대를 걸고 있네. 꼭 훌륭한 인물이 되어 나라와 국민을 위해 힘껏 일해 주기 바라네."

이 일이 있은 얼마 후, 안나에게서 블룬출리가 위독하다는 소식이 왔다. 페스탈로치는 급히 달려갔다.

가족들과 의사와 안나에게 둘러싸인 블룬출리는 붉은 피를 토하고 있었다. 블룬출리는 힘겨운 듯 숨을 몰아쉬었다.

"여보게 블룬출리, 정신 차리게."

"아! 페스탈로치, 다시 보게 되어 기쁘네. 자네는 원래 성품이 어질어서 남을 쉽게 믿는 게 탈이야. 그래서 실패하게 될지도 몰라. 또 자넨 너무 정열적이야. 모든 일에 냉정해야지. 그리고 자네에게는 자네의 그런 결점을 보완하고 충

실히 도울 친구가 꼭 필요하네. 이것이 나의 마지막 부탁이고 충고일세. 안나와 결혼하기를 바라네."

겨우 여기까지 말한 블룬출리는 가쁜 숨을 몰아쉬면서 괴로워하다가, 한 시간 후 영영 돌아오지 못할 길로 떠나고 말았다.

페스탈로치와 안나는 끝없이 흐르는 눈물을 닦으며, 그의 죽음을 슬퍼했다. 블룬출리의 죽음은 페스탈로치에게 큰 충격을 안겨 주었다. 그는 며칠 동안 얼빠진 사람처럼 나날을 보냈다.

페스탈로치는 상심한 마음을 달래기 위해 안나를 찾아가 블룬출리에 대한 추억을 이야기했다.

안나는 친구의 죽음으로 실의에 빠진 페스탈로치를 여러 모로 따뜻하게 위로해 주었다.

"너무 슬퍼하지 마세요."

이때부터 안나에게 페스탈로치는 한없이 매력 있는 남성으로 느껴지게 되었다.

'페스탈로치는 그 성품이 너무나 고상하고 결백한 사람

이다. 그의 고귀한 성품이 나의 혼을 송두리째 빼앗고 말았어.'

안나는 페스탈로치의 외모나 가난에도 아랑곳하지 않고, 오직 그의 높은 인격과 신념에 마음이 끌렸다.

그리하여 이 두 사람은 사랑을 더 키워 가게 되었다.

스위스의 짙푸른 하늘 아래 끝없이 펼쳐진 농장에는 싱

그러운 풀 냄새가 물씬 풍기고 있었다.

 꽃향기가 물씬거리는 농장에서 젊은 페스탈로치는 즐거운 나날을 보내고 있었다.

 페스탈로치는 친구인 블룬출리가 세상을 떠난 바로 그 해에 농업 전문가인 티페리 씨가 있는 키르히베르크 지방으로 옮겨 온 것이다.

농장*에서 직접 농사를 짓는 일은 페스탈로치의 마음을 한없이 즐겁게 해 주었다. 농촌 생활은 그가 바라는 것이었고, 농사를 짓는 것이 그에게는 즐거운 일이었다.

페스탈로치는 티페리 씨를 자주 찾아가 앞으로 자기가 운영할 농장에 대한 꿈을 이야기했다.

어느 날이었다.

이날도 페스탈로치는 널따란 밀밭 사이를 거닐며 미래의 농장 경영에 대해 한없는 꿈의 날개를 펴고 있었다.

이때였다.

"여보게, 페스탈로치. 농사일은 재미있나?"

말을 타고 농장을 둘러보고 있던 티페리 씨가 소리쳤다.

"네, 아주 재미있습니다."

농장

농산물을 대량으로 생산하기 위하여 일정한 장소에 농기구, 창고 등 여러 가지 설비를 갖춘 경작지. 농장 중에서 가장 중요한 것은 밀, 쌀, 옥수수, 면화, 콩 등을 집중적으로 재배하는 농장이다.

포도를 수확하는 프랑스 부르고뉴 지방의 농장

페스탈로치는 진정으로 즐거운 듯이 대답했다.

"그거 다행한 일이군. 그렇지만 농사는 아무나 짓는 것이 아니라네. 땅과 농작물을 사랑하는 마음과 끝없는 노력과 참을성이 있어야 하네. 저기 저걸 보게. 사람의 사랑과 노력을 받지 못한 농작물은 저렇게 시들고 말라 죽어 버리고 만다네. 자네도 농사로 성공하려면 농작물을 자식과 같이 사랑할 줄 알아야 하네. 그리고 농작물 주위에 있는 해로운 것은 제거해 주어야 한다네. 그래야만 주인의 사랑을 받고 무럭무럭 자라게 된다네."

티페리 씨의 말에 페스탈로치는 큰 감명을 받았다.

그는 직접 농사를 지어 보면서 농민의 괴로움이 무엇인가를 몸소 겪었다.

1768년 6월, 페스탈로치는 다시 취리히로 돌아와 반가운 안나를 만났다.

"건강이 완전히 회복되었군요."

"모두가 안나 당신 덕분이오!"

1년 전 허약한 몸으로 시골을 떠날 때와 달리 건강한 몸으로 돌아오게 되어 두 사람의 기쁨은 더욱 컸다.

"정말 너무너무 기뻐요."

"고맙소. 그동안 몸도 건강해졌지만 이제 농사일에도 자신이 생겼소."

페스탈로치는 본격적으로 농장을 경영하기 위해 친구 아버지에게 돈을 빌려 땅을 샀다.

취리히에서 10리 정도 떨어진 곳에 있는 뮬리겐 마을에 셋집을 얻고 거기다 안나가 저축한 돈으로 창고와 정원까지 마련하게 되었다.

"안나! 도와줘서 정말 고맙소. 이제 우리의 땅이 생겼소!"

"뭘요, 다 우리 일인데요."

어느 날, 어머니가 이 소식을 듣고 달려왔다.

"네가 땅도 사고 집도 얻었다는 소식을 듣고 취리히에서 단숨에 달려왔다."

"어머니, 어서 오세요. 어머니, 이만하면 농사를 지으면서 연구도 할 수 있겠죠?"

페스탈로치는 어머니를 보자, 어린애처럼 신이 나서 말했다.

"정말 괜찮은 집이구나! 취리히에는 이렇게 조용하고 아담한 집이 없어. 자, 이건 이 어미가 새출발하는 네게 주는

선물이니 받아라!"

어머니는 보자기를 페스탈로치에게 주었다.

"이건 뭐지요?"

"어서 풀어 보려무나."

어머니의 말이 떨어지자마자 페스탈로치는 반가운 마음으로 보자기를 살며시 풀었다.

"아니, 웬 돈을 이렇게……."

페스탈로치는 보자기 속의 돈을 보고는 깜짝 놀라면서도 기쁨을 감추지 못했다.

"이 돈은 언제고 네가 자립할 때가 되면 주려고 모아 두었던 돈이란다."

페스탈로치는 왈칵 눈물이 솟아, 어머니의 두 손을 꼭 붙잡았다.

'아버지가 돌아가신 후, 어린 3남매를 키우느라 맛있는 음식 한번 못 먹고, 새 옷 한 벌 입지 못한 어머니가 이토록 독립해 살아가려는 아들을 위해 푼푼이 돈까지 모아 두셨다니!'

리마트 강변의 취리히 시가지

페스탈로치의 두 눈에서는 눈물이 한없이 흘러내렸다.

이제 땅과 집을 마련한 페스탈로치는 오로지 농사일에 전력을 기울였다.

그런데 페스탈로치에게는 한 가지 걱정거리가 있었다. 그것은 다름이 아닌 안나와의 결혼 문제였다.

안나의 부모가 가난하고 고집이 세며, 건강도 좋지 않을 뿐더러 장래성이 좋지 않은 페스탈로치와의 결혼을 적극적으로 반대했기 때문이다.

그러나 안나는 부모님이 그토록 반대하는데도 불구하고, 페스탈로치의 굳은 신념에 끌려 평생을 함께 살 것을 결심

했고, 그녀의 사랑에는 변함이 없었다.

 마침내 안나 부모님은 딸의 결심을 꺾지 못해, 하는 수 없이 결혼을 허락했다.

 1769년 9월 30일, 드디어 두 사람은 케비스돌프 교회에서 가까운 친구 몇 사람과 친척들이 참석한 가운데 조촐하게 결혼식을 올렸다. 이때 페스탈로치의 나이는 스물세 살이었고, 아내인 안나는 서른 살이었다.

 그렇게도 완강하게 두 사람의 결혼을 반대하던 안나의 부모님도 결혼식을 끝내고 찾아갔을 때는 반갑게 맞아 주었다.

 안나는 남편인 페스탈로치에게 말했다.

 "여보, 이제부터 힘껏 일해야겠어요. 그래서 우리 결혼을 반대하던 부모님에게 자랑스러운 가정을 보여야지요."

 안나의 말을 듣고, 페스탈로치의 마음은 한없이 기뻤다.

 페스탈로치와 안나가 결혼한 그해도 어느덧 저물어 신년맞이 분위기로 들떴다. 새해를 맞이하는 집에서는 맛있는 음식을 장만하느라, 구수한 음식 냄새가 온 마을을 덮고 있었다.

안나는 새벽부터 일어나 많은 빵을 구워 가난한 이웃 농부들에게 나누어 주었다.

"신혼살림에 여러 가지 어려움이 많을 텐데, 우리까지 생각해 주시니 고맙기 짝이 없습니다."

"일손도 없어 바쁠 텐데, 어느 사이에 이렇게 많은 빵을 구워서 나누어 주십니까? 정말 고맙습니다."

가난한 농민들이 몇 개의 빵을 받고 이렇게 기뻐하며 감사의 인사를 하자, 페스탈로치 부부는 무한한 기쁨을 느꼈다. 조그만 일이나마 남을 돕는다는 것이 이렇게 기쁨을 가져오리라고는 미처 생각지도 못한 일이었다.

새벽부터 일어나 하루 종일 빵을 구운 안나는 저녁때가 되자, 몸이 몹시 피로했다.

"몸도 약한 사람이 너무 무리한 것 같아. 여보, 당신을 고생시켜 미안하오. 남아있는 집안일은 내가 할 테니 당신은 좀 쉬어요."

"아이, 당신도……."

페스탈로치 부부는 가난했지만 자기보다 더 어려운 사람을 도우며 살 수 있어 행복했다.

농사도 차차 잘 되어 갔다. 그중에서도 올해 콩 농사는 대풍작이었다.

"올해 콩 농사는 정말 대풍작이오."

"그래요, 당신이 자랑스러워요, 여보."

농사를 짓기 시작한 지 1년이 되던 해 여름에는, 맏아들 야곱이 태어났다.

두 사람의 기쁨은 이루 말할 수가 없었다.

특히, 페스탈로치는 첫아들을 얻은 데 대해 누구보다도 하느님께 감사했다.

다음 해에는 생활의 여유도 생겨 농장 한가운데에다 집을 짓고 이사를 했다.

방이 네 개나 되는, 햇빛이 잘 드는 이층집이었다.

젊은 부부의 힘으로 처음 자기 집을 장만한 기쁨은 이루 말할 수가 없었다.

아름다운 정원과 창밖에 펼쳐진 푸른 농장, 페스탈로치

노이호프 농민 학교의 모습

는 이 집을 새로운 생활이 시작된다는 뜻에서 '노이호프'라고 이름 지었다.

 이렇게 페스탈로치의 새로운 가정은 즐거움에 넘쳐 있었으며, 이들 젊은 부부의 꿈은 나날이 무르익어 가고 있었다.

역사 속으로

최소한의 소양을 가르치는 기본 교육, 초등 교육

초등 교육의 정의

교육 제도의 체계상 가장 먼저 받게 되는 교육을 흔히 초등 교육이라고 한다. 이 초등 교육에는 제도에 따라 유치원 교육을 포함하는 때도 있지만 대개 초등학교 교육을 초등 교육이라고 한다. 보통 여섯 살에서 열두 살까지의 아동이 포함된다.

초등 교육에 비교해서 흔히 중·고등 학교 교육을 중등 교육이라고 하고, 대학 이상의 교육을 고등 교육이라고 한다. 그러나 아동의 성장 과정상 나라마다 초등 교육 대상자의 나이가 조금씩 차이가 나기도 한다.

초등 교육의 목적

초등 교육은 장래 진로를 위한 준비 교육이나 전문적, 기술적 교육이 아니다. 초등 교육은 민주 국가의 국민으로서 누구나 받아야 할 기초 단계의 교육이며, 의무 교육이다.

　초등 교육은 기초 교육이기 때문에 아동이 하나의 완전한 민주 시민으로 갖추어야 할 최소한의 소양을 가르치는 기본 교육이며 공통 교육이다.

　즉 아동의 원만한 성장을 위하여 가장 필요한 내용을 가르쳐 민주 시민으로서 올바른 생활 능력을 갖추게 하는 데 목적이 있다.

　중등 교육 이상에서는 교육 목적의 특수성이 있으나 초등 교육은 공통된 기초에 목표를 두고 있기 때문에 도시나 농촌, 벽지 어느 곳에서나 똑같이 가르치며 교육 목적에도 차이가 없다. 따라서 초등 교육은 아동의 원만한 성장 발달을 기할 수 있는 기초 교육이라야 한다.

초등 교육의 과정

　아동들은 초등 교육을 통해 신체적, 정서적, 사회적 발달을 위한 말하기, 듣기, 읽기, 쓰기를 비롯하여 관찰과 가르치는 능력, 계산 능력, 문제를 분석하는 능력 등을 배우게 된다.

초등 교육은 궁극적으로 아동들을 전인적으로 성장할 수 있도록 이끄는 데 목적이 있다. 즉 건강한 신체를 유지하고 바른 습관을 지니도록 가르친다. 또 기본적인 예절과 질서를 지키고 이웃과 나라를 사랑하는 마음씨를 심어 주며, 기본적인 언어 능력을 기르고 표현력과 계산 능력을 길러 준다.

초등학교 교실의 수업 모습

그리고 사회 현상에 대한 기초적인 개념을 알 수 있게 하여 문제의 해결 능력을 갖추게 하고, 기초적인 생활 기능과 근검, 절약하는 태도 등 자립에 필요한 기본적인 자질을 심어 주어 심신을 조화롭게 발달시키도록 하는 것이 초등 교육의 목적이다.

계속되는 시련

페스탈로치 부부는 더욱 열심히 농사일했다.

그러나 원래가 기름지지 못한 땅이어서 일한 만큼 거두어들이지는 못했다.

동이 트기 전부터 페스탈로치는 농장으로 나가서 해가 져야만 집으로 돌아오곤 했다.

"새벽부터 온종일 농장 일을 했더니 피곤하군."

페스탈로치는 일을 마치고 집으로 돌아왔을 때였다.

"여보, 어서 오세요! 피곤하시죠?"

"오, 당신의 상냥한 미소와 우리 야곱의 얼굴을 보면 피로가 싹 가시는걸."

저녁 식사를 마치자, 아내가 편지 한 통을 내놓았다.

"무슨 편지요?"

"땅을 살 때 돈을 빌린 분에게서 온 거예요."

페스탈로치 씨께.

안녕하십니까? 당신 농장의 지배인으로 있던 메르키의 말을 들으니, 농장은 토질이 나쁜데다가 농사도 잘 지을 줄 모르는 사람들이 하는 농사라 실패로 끝날 것 같다고 하더군요. 앞으로 이른 시일 내에 돈을 갚아 주었으면 하오.

편지를 읽고 난 페스탈로치는 이제까지의 즐거웠던 기분이 싹 가시며 어두운 걱정이 앞섰다.

생각해 보면 편지를 보낸 사람의 말도 틀린 것은 아니었다.

농장 지배인으로 있던 메르키라는 사람은 원래 마음씨가

못된 사람이었다.

메르키는 땅을 속여서 사게 했을 뿐만 아니라, 페스탈로치의 농장에서 지배인으로 일하면서 일꾼들에게 주는 품삯을 떼어먹는가 하면, 농기구까지 팔아먹곤 하여 견디다 못해 페스탈로치는 그를 해고해 버렸다.

이에 앙심을 품은 메르키는 페스탈로치에게 돈을 꾸어 준 사람을 찾아가 그를 모함한 것이다.

"결국 어떻게 하겠다는 것이지?"

"땅을 팔아서 돈을 갚으라는 것이겠죠."

안나도 페스탈로치와 함께 긴 한숨을 쉴 뿐이었다.

페스탈로치는 곧 농장 일이 어느 정도 잘 되어 가면, 가난한 집 아이나 부모가 없는 고아를 노이호프의 집으로 데려와 힘닿는 데까지 교육을 시켜 볼 생각이었다.

"아! 이제 우리의 꿈은 사라졌어."

실의에 빠진 남편을 보자, 안나는 이렇게 그에게 용기를 북돋아 주었다.

"여보, 너무 걱정하지 마세요. 성공엔 실패가 따르게 마련이에요. 용기를 내세요. 한두 번의 실패로 뜻을 굽혀서는 안 돼요. 하늘이 무너져도 솟아날 구멍이 있다고 하잖아요. 우리 야곱을 위해서라도 용기를 잃어서는 안 돼요."

안나의 말에 페스탈로치의 흥분되었던 마음은 다소 가라앉았지만, 분함과 괴로움은 여전했다.

안나는 남편을 대신하여 돈을 꾸어 준 사람에게 편지를 썼다. 메르키의 행실과 전망을 봐서, 조금만 더 농장 경영을 계속할 수 있게 해 달라는 간곡한 사정의 편지였다.

며칠이 지난 후, 돈을 꾸어 준 사람은 농업 전문가 시니트라는 사람을 보내어 직접 조사를 하도록 했다.

조사를 끝낸 시니트는 다음과 같이 보고서를 썼다.

페스탈로치는 높은 이상과 아름다운 마음씨를 가진 사람이나, 실제 생활과는 거리가 먼 사람 같습니다. 그러므로 현실 사회에서는 별 환영을 받지 못할 것 같습니다.

돈을 꾸어 준 사람은 시니트의 보고서를 보자, 그의 말을 믿고 페스탈로치는 이상만 좇는 사람으로 사업을 하기는 힘들 것으로 판단했다. 그래서 페스탈로치와는 손을 끊겠다고 마지막 편지를 보내왔다.

　페스탈로치는 할 수 없이 빚 대신에 농장과 집을 내주고, 나머지 돈으로 조그마한 농장을 사서 다시 일을 시작했다.

　모든 것이 전에 비하면 형편없는 것이었지만, 빚을 갚고 나니 마음은 홀가분했다.

　페스탈로치는 갈 곳이 없어 거리를 방황하는 고아나 거지 아이들을 이곳으로 불러들이기 시작했다.

　그는 아이들에게 공부도 가르치고, 기술도 가르쳐 주었다.

　"여보, 고생이 되겠지만 끝까지 버텨 봅시다."

　"네! 알겠어요. 끝까지 용기를 잃지 마세요. 하느님은 스스로 돕는 자를 돕는다잖아요."

　"그래요. 우리 힘을 냅시다!"

　페스탈로치와 안나는 서로 격려해 가면서 농사도 짓고 고아들을 친자식처럼 돌봐 주었다.

　이 무렵, 농가에서는 부업으로 옷감을 많이 짜고 있었다.

안나는 친정어머니를 졸라 방직 기계를 하나 샀다.

낮에는 농장일과 고아의 뒷바라지를 하고 밤이면 늦도록 피로한 줄 모르고 옷감을 짰다.

그런데 또다시 큰 어려움이 이들 앞에 다가오고 있었다.

어느 정도 일이 자리를 잡아 가자, 처음에는 페스탈로치 부부가 하는 일을 훌륭하다고 칭찬을 아끼지 않던 사람들이 차츰 그들을 비난하기 시작한 것이다.

"페스탈로치는 고아들을 데려다가 공부를 시킨다더니, 사실은 그 가엾은 애들을 부려 먹으려고 끌어들인 거야."

이들은 페스탈로치를 마구 헐뜯기 시작했다.

남들은 그렇다 하더라도 처남인 카스파마저도 페스탈로치를 비난하는 데는 견딜 수가 없었다.

'교육과 노동은 한 가지다. 학교와 일자리는 한 몸인 것이다.' 이러한 페스탈로치의 이상은 이때의 사람들이 이해하기에는 매우 어려운 것이었다.

페스탈로치는 이렇게 많은 비난을 받으면서도 꾹 참고, 만나는 사람마다 자기의 생각을 알리려고 노력했다.

그러나 어느 한 사람도 그의 이상을 이해해 주려고 하지 않았다. 그뿐만 아니라 그들은 떼를 지어 몰려와 농장과 공장을 더 운영할 수 없게 훼방을 놓았다.

2년 동안 피땀 흘려 가며 애쓴 보람도 없이, 그의 꿈은 완전히 물거품이 되고 말았다.

결국 페스탈로치는 4만 마르크의 빚을 짊어진 채, 고아들에게 마지막 품삯을 나누어 주고는 헤어져야 했다.

친자식 못지않게 고아들을 돌보던 안나는, 그들을 보내고 나서 그만 병석에 눕고 말았다.

'아내까지 저렇게 앓아눕게 된다니, 이젠 모든 것이 끝장나는가 보다.'

페스탈로치는 눈앞이 캄캄했다. 엄청난 빚을 갚을 길도 없고 당장 끼니를 걱정해야만 했다.

이렇게 어려움에 빠져 있을 때, 안나의 친정집에서 얼마간의 돈을 보내왔다.

이 돈으로 우선 당장 급한 빚만은 갚을 수 있었다.

페스탈로치는 안나를 대할 면목이 없었다.

그토록 단호하던 부모님의 반대에도 불구하고 오로지 자기 혼자만을 믿고 결혼을 해 준 안나에게 너무도 큰 실망을 안겨준 것 같아 마음이 아팠다.

언제나 상냥한 안나는 이때도 남편의 거칠어진 손을 쓰다듬으면서 용기를 북돋워 주었다.

"당신에겐 조금도 잘못이 없어요. 단지 당신의 이상이 너무 높기 때문에 다른 사람들이 그것을 보지 못할 뿐이에요. 용기를 잃지 말고, 힘을 내세요. 언젠가는 당신의 높은 뜻이 이루어질 것을 믿고 있어요."

이렇게 말하는 안나의 두 눈에서는 눈물이 핑 돌았다.

고아들이 떠나 버린 농장과 공장은 황폐한 모습으로 변해 쓸쓸하기만 했다.

페스탈로치는 서투른 자선 사업은 가난한 사람들을 더욱 불행하게 만드는 일이라고 생각했다.

일시적인 구제 방법은 오히려 그들에게 의지하려는 마음만을 길러 주게 되어, 가난한 사람을 더욱 가난하게 만들 뿐이란 것을 깨달았다.

그는 빈민을 위한 좀 더 효과적이며 근본적인 구제 방법을 연구하기 시작했다.

그래서 그들에게 생활을 꾸려 나갈 수 있는 능력을 길러 주어 자신과 가족을 위해 스스로 일함으로써, 거기에서 안식과 평화를 얻도록 계획을 세웠다.

가난한 살림이지만 예전처럼 평온한 생활이 계속되었다.

그러나 하루하루 평안 속에서 살기에는 페스탈로치의 마음은 무언가 죄스럽기만 했다.

그는 아내에게 고아들을 다시 데려다가 밥도 먹이고, 일도 가르치고 공부도 시키자는 의논을 했다.

안나는 다시금 자선 사업에 의욕을 보이는 남편을 보사, 매우 기뻐했다.

다음 날부터 페스탈로치는 당장 10여 명의 고아들을 모아다가 집에 농민 학교를 만들어 이들을 가르치기 시작했다.

낮에는 일을 하고 밤에는 공부를 열심히 가르쳤다.

그러던 어느 겨울날의 해 질 무렵이었다. 낡은 외투를 몸에 걸친 페스탈로치는 정신없이 넓은 들판을 헤매고 있었다.

"이 애가 어느 쪽으로 갔을까? 아이로스!"

페스탈로치는 지나가는 농부를 붙잡고 물어보았다.

"여보세요. 혹시 아이로스라는 아이 못 봤습니까?"

"아이로스요? 어떻게 생긴 아인가요?"

"얼굴에 주근깨가 있고 키가 큰 아이입니다. 참 그리고 이마에는 흉터가 있어요."

"아, 그 못된 녀석 말이군요. 남의 물건을 훔치고, 밭을 짓밟는 짓궂은 녀석 아니오? 그런데 그 녀석이 어떻게 되기라도 했나요?"

"아, 예……. 오늘 새 옷을 입혀 주었더니 어디로 달아나 버렸지 뭡니까?"

"저런! 못된 녀석이 있나? 아니 선생님도 참 딱합니다. 그런 나쁜 녀석을 찾아서 도대체 무얼 하시렵니까? 또 어디 가서 도둑질이나 하고 있겠지요. 나 같으면 찾아온다 해도 그냥 내쫓아 버리겠습니다."

아이로스의 품행을 알고 있는 그 농부는 화를 벌컥 내면서 이렇게 말했다.

비록 아이로스가 나쁜 짓을 하고, 미움을 받는 고아이긴 하지만, 페스탈로치는 오히려 그러한 아이로스에게 더욱 깊은 애정을 기울이고 있었다.

"그게 무슨 말씀입니까? 그런 아이일수록 더욱 따뜻한 보호의 손길이 필요합니다. 그런 아이들은 사랑을 모르고 자라서 그렇게 된 게 아닙니까? 나는 그 아이의 참다운 친구가 되려는 것입니다. 그래서 사랑에 굶주린 그 아이를 반드시 바른길로 인도하고 싶습니다."

이런 말을 농부가 알아들을 리 없었다.

"내가 걱정할 일은 아니지만, 선생님네 식구들 입에 풀칠하기도 어려우실 텐데, 그 못된 아이들까지 데리고 있다니 정말 딱하십니다. 이왕 달아난 녀석인데 그냥 내버려두시지요."

그러나 페스탈로치는 농부의 곁을 떠나서, 아이로스의 이름을 큰소리로 부르며 넓은 들판을 이리저리 헤맸다.

페스탈로치는 농민 학교의 아이들을 그저 편안히 놀고먹

게 내버려두지는 않았다.

그는 아이들과 같이 여름에는 땅을 갈고, 겨울에는 목화를 가공하여 학교를 유지해 나갔다.

그렇게 한 것은 그들에게 자립정신을 길러 주고, 일의 즐거움을 맛보게 하며, 앞으로 혼자서 독립할 수 있는 자신을 갖도록 하기 위해서였다.

그와 동시에 그는 밤에는 이 불우한 아이들을 모아 놓고 읽기와 셈하는 법 등을 가르쳤으며, 또 안나의 힘을 빌려 여자아이들에게는 가사와 재봉 실습을 시켰다.

이러한 일들은 한결같이 페스탈로치의 굳은 신념과 불행한 아이들을 진심으로 사랑하는 숭고한 정신에서 우러나온 것이었다.

그러나 거리를 떠돌며 제멋대로 생활하고, 아무런 노력 없이 쉽게 얻어먹기만 하며 빈둥빈둥 노는 것이 버릇처럼 되어 버린 아이들은 이러한 그들의 정성 어린 사랑을 알지 못했다.

페스탈로치와 안나가 그렇게 애쓴 보람도 없이 달아나는

아이들까지 생겼다.

아이로스가 바로 그러한 아이 중의 하나였다.

"아이로스! 아이로스!"

페스탈로치는 커다란 소리로 아이로스를 부르면서 마냥 들판을 걸었다.

페스탈로치의 눈에는 어디선가 추위에 몸을 떨며, 거리를 헤매고 있을 아이로스의 모습이 자꾸만 떠올랐다.

그 후, 1주일이 지난 어느 날 저녁이었다.

그날도 페스탈로치는 눈을 맞으며 거리를 헤매고 있었다.

그는 아이로스가 학교를 나간 날부터 틈틈이 여기저기를 헤매면서 찾고 있었다.

그날도 오랜 시간을 거리에 나가 헤매던 그는 실망하여 고개를 숙인 채 벌판을 지나오고 있었다.

이때, 눈 위에 어린아이 발 크기의 조그마한 맨발 자국이 나 있는 것을 발견했다.

'혹시?'

페스탈로치의 머릿속을 스치는 예감이 있었다.

그는 급히 그 발자국을 따라가 보았다. 발자국은 숲속에 외따로 떨어져 있는 조그만 빈집 앞까지 이어지고 있었다.

빈집의 문은 활짝 열려져 있고, 그 틈으로 거센 눈보라가 휘몰아치고 있었다.

페스탈로치는 살그머니 빈 집으로 들어섰다.

"아니? 아이로스!"

아이로스는 구석에 웅크리고 누운 채 잠이 들어 있었다.

'얼마나 추울까?'

그는 입고 있던 외투를 벗어 덮어 주었다.

아이로스는 여전히 아무것도 모른 채 자고만 있었다.

외투를 벗는 순간 페스탈로치는 찬바람이 옷깃을 파고들어 몸이 오싹했다.

그는 추위를 물리치기 위해 두 손을 비벼 댔다.

얼마 동안의 시간이 흘렀다. 페스탈로치는 깊은 생각에 잠겨 있었다.

깊이 잠든 아이로스는 언제 깨어날지 몰랐다. 밤이 깊어지면서 기온은 점점 내려갈 것이고, 새벽녘에는 아이로스가 얼어 죽을지도 모른다고 생각한 페스탈로치는 조심스럽게 아이로스를 안아 일으켰다.

아이로스는 여전히 깊은 잠 속에 빠져 있었다.

그는 외투로 감싸여진 채 잠든 아이로스의 몸을 안고 그대로 앉았다. 곧 페스탈로치의 따뜻한 체온이 아이로스의 몸을 포근히 녹여 주었다.

얼마 후, 아이로스가 눈을 번쩍 떴다. 그는 페스탈로치를 보더니 깜짝 놀라며 울음을 터뜨렸다.

아이로스는 다시 노이호프 농민 학교로 돌아오게 되었다.

그 후부터 아이로스는 착한 아이가 되었다.

여대까지 나쁜 아이의 표본이라고 하던 아이로스의 눈동자도 밝게 빛나고, 농장에서 일하고 있는 모든 아이도 페스탈로치의 따뜻한 사랑의 손길 아래 얼굴에 생기가 감돌게 되었다.

이러한 아이들을 볼 때마다 페스탈로치는 사랑의 힘이 얼마나 위대한 것인가를 새삼 깨닫고, 말할 수 없는 벅찬 감동을 느끼곤 했다.

페스탈로치의 이러한 사랑의 사업은 그를 이해해 주던 친구들에 의해 세상에 널리 알려지기 시작했다.

그러자 그의 사업을 격려하는 사람들로부터 기부금이 들어오기 시작했다.

많은 사람들의 격려와 도움에 더욱 용기를 얻은 페스탈로치는 1775년, 농장 옆에다 조그만 직조 공장을 세웠다.

그러고는 더 많은 아이를 모았다.

해마다 아이들이 늘어나서 공장을 세운 지 4년이 지난 1779년에는 모두 80명으로 늘어났다.

사랑의 협력자

 지금까지는 그저 암담하기만 하던 페스탈로치 앞에, 이제 겨우 희망의 불빛이 보이기 시작했다.
 그러나 그 희망도 얼마 가지 않아 이내 사그라지고 말았다. 페스탈로치에게는 또다시 먹구름이 감돌기 시작했다.
 하나는 생각하지도 않던 큰 우박이 두 번씩이나 쏟아져 농작물이 모두 못 쓰게 되고 말았다. 그리하여 어린이들이 짓는 농산물만으로는 도저히 80명의 식구를 먹여 살릴 수가 없었다. 밀가루나 채소 할 것 없이 모두 마을에서 사들

여야 할 형편이었다.

또 하나는 전부터 시름시름 앓아 온 안나의 병이 점점 깊어지게 된 것이다.

마침내 직원들에게 월급도 주지 못하게 되어, 페스탈로치는 혼자서 80명이나 되는 아이들의 뒷바라지를 해야만 했다.

페스탈로치는 아이들이 먹다 남긴 음식을 먹고, 해진 옷을 손수 꿰매 주어야만 했다. 아이들이 깨기 전인 아침 일찍부터 일어나야 했고, 밤에는 모두 잠든 후에야 잠깐 눈을 붙였다.

괴로운 나날이 계속되었다.

'사랑은 모든 것을 이긴다.'

그러한 페스탈로치의 굳은 신념과 정열로 얼마 동안은 굳세게 버티어 나갈 수 있었다.

그러나 버티는 데도 한계가 있었다. 엎친 데 덮친 격으로 가난한 집 아이들의 부모들이 이 어려운 사정을 듣고 몰려왔다.

"우리 아이들에게 왜 품삯을 주지 않는 거요? 품삯을 주지 않으면 애를 데려가겠소."

부모들의 비난은 날이 갈수록 심해졌다. 이러한 소문이 퍼지자, 그동안 돈을 보내 주던 사람들이 하나둘 손을 떼기 시작했고, 급기야는 공장마저 빼앗기고 말았다.

페스탈로치는 하는 수 없이 또다시 학교 문을 닫아야 했다.

이것이 1780년, 페스탈로치의 나이 서른네 살 때였다.

페스탈로치는 계속 실망에 찬 나날을 보낼 수밖에 없었다.

그리하여 손바닥만한 땅을 일구어 근근이 생활하게 되었다.

골짜기의 눈도 녹고 아지랑이가 피어오르는 어느 봄날, 페스탈로치는 병든 아내와 아들을 위해 일하고 있었다. 그때 누군가 그를 찾아왔다.

"혹시 페스탈로치 선생님이 아니세요?"

"네, 맞습니다만, 무슨 일로……?"

"저는 엘리자베트라고 합니다."

엘리자베트는 페스탈로치와 한 가족이 되어 고아들을 돌보며 살겠다고 했다.

그녀는 고아들을 위해 어떤 희생도 달게 받겠다고 결심한 여자였다. 엘리자베트의 굳은 결심을 안 페스탈로치는 감동하지 않을 수 없었다.

"고맙소, 그런 결심이라면 괴롭더라도 우리 함께 고생해 봅시다."

페스탈로치는 문득 취리히의 집에 있는 바벨리의 모습이 눈에 선했다.

엘리자베트는 그때부터 십수 년 동안, 페스탈로치를 도와 열심히 일했다. 그녀는 농사일은 물론, 병든 안나를 도와서 집안 살림까지 도맡아 해 주었다.

"엘리자베트 양이 온 뒤부터는 집 안이 말끔히 정리되었어. 식탁에는 깔끔하고 맛있는 음식이 놓이고……."

페스탈로치가 칭찬하자 안나도 고마움을 잊지 않았다.

"고마워요, 엘리자베트."

엘리자베트의 정성 어린 간호를 받아 안나의 병도 차츰

회복되어 갔다. 쓸쓸하고 가난한 페스탈로치의 집안에 훈훈한 봄바람이 불기 시작한 것이다.

엘리자베트는 그때부터 결혼할 때까지 10년이 넘도록 모든 정열을 다해 페스탈로치를 도와 일했다.

페스탈로치는 온갖 정성을 쏟았던 사랑하는 고아들이 모두 흩어져 떠나가 버린 뒤, 농장에서 일할 때면 고아들이 몹시 그리웠다.

밭에 나가 일을 하다가도, 지금쯤 그 애들은 어느 거리를 헤매며 천대를 받고 있을까를 생각하면, 저절로 일손이 멈추어지곤 했다.

그러던 어느 날, 그날도 고아들 생각을 하고 있다가 이내 떨쳐 버리고, 멈추었던 밭일을 시작하려는데 엘리자베트가 집에서 황급히 달려와 한 통의 편지를 내밀었다.

"선생님, 이젤린 선생님에게서 또 편지가 왔어요. 어서 뜯어보세요."

페스탈로치는 얼른 편지를 뜯어보았다.

편지의 내용은 <에페멜리텐>이라는 잡지에 그의 글을

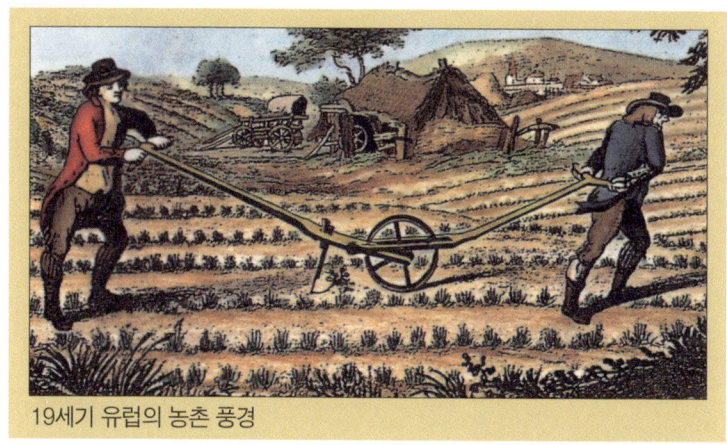
19세기 유럽의 농촌 풍경

보내 달라는 것이었다.

"선생님, 또 글을 써 달라는 독촉 편지지요? 농사일은 제가 맡아서 할 테니, 선생님은 걱정하지 마시고 글을 쓰세요. 두고두고 남을 수 있는 사랑의 글은 다른 사람들에게도 도움이 될 거예요."

엘리자베트는 진작부터 이렇게 권해 왔다. 그러나 끼니마저 걱정해야 하는 형편으로는 글을 쓸 차분한 마음이 생기지 않았다. 그러나 이제 페스탈로치도 글을 쓰고 싶은 마음을 갖게 되었다. 엘리자베트의 간곡한 권고도 큰 역할을 했다.

'그래, 7년 동안 고아들을 가르친 경험을 토대로 하여 교육에 대한 내 생각을 발표해 보자.'

그리하여 페스탈로치는 <은자의 저녁>이라는 책을 출판하게 되었다.

"인간은 교육으로 훌륭해질 수 있으며, 또 아무리 가난해도 교육은 반드시 해야 한다고?"

그러나 세상 사람들은 페스탈로치의 이론을 인정하지 않았다.

"이것도 글이라고 썼나?"

"쳇! 무슨 내용이 이래?"

페스탈로치는 그 이듬해인 1781년 2월, 다시 <라인하르트와 게르트루트>라는 책을 출판했는데, 그는 이 책으로 비로소 교육자로서 높이 평가받게 되었다.

이 책은 많은 사람들에게 깊은 감명을 주었으며, 페스탈로치는 이 책으로 인해 세상에 널리 그 이름을 알리게 되었다.

페스탈로치는 이젤린의 권유로 1782년 1월 <스위스 주간

신문>을 창간하고 주필*이 되었다. 그리고 그 해에 그는 <크리스토프와 에르제>를 출간했다.

페스탈로치가 이 신문에서 중점적으로 다룬 것은 교육 문제였다. 이 신문이 당시의 유럽 여러 나라에 끼친 영향은 상당한 것이었다.

그런데 이듬해인 1783년, 그토록 페스탈로치를 격려하고 도와주던 이젤린 씨가 병으로 세상을 떠났다.

이때 페스탈로치의 슬픔은 말할 수 없이 컸지만, 그러한 슬픔을 딛고 페스탈로치는 계속해서 글을 썼다.

그리하여 그는 1783년에 <라인하르트와 게르트루트>의 제2부를, 1785년에는 제3부를, 1787년에는 제4부를 계속해서 출판했다.

주필

신문사나 잡지사 등의 기자 중에서 수석인 사람으로서 사설이나 논설 등을 맡아보는 최고 책임자. 주필은 사설이나 논설 내용의 근본 방향을 결정하고, 이에 따라 논설 위원들이 사설과 단평을 써낸다.

1980년대 언론 미디어를 대표했던 각종 신문

그러나 사회 문제와 정치 문제에 대한 강력한 개혁을 부르짖은 페스탈로치의 주장은 결국 당국의 오해를 받게 되었다.

그래서 그는 1787년 이후 10년 동안은 아무런 글도 발표하지 않고, 농사일에 힘쓰며 완전히 침묵 속에서 지냈다.

그동안 그에게는 많은 불행한 일들이 일어났다.

1788년에는 38년 동안 몸과 마음을 바쳐 어머니를 도와 일해 온 바벨리가 세상을 떠났다.

그리고 1796년에는 가난 속에서 그를 위해 기도해 온 인자하신 어머니도 세상을 떠나고 말았다.

이렇게 은혜와 사랑을 받던 가까운 사람들과 차례차례 영원한 이별을 하는 슬픔 속에서 기쁜 일도 있었다.

이것은 외아들인 야곱의 결혼이었다.

야곱은 몸이 약해서 몇 번이나 중병을 앓았지만, 그럴 때마다 부모의 따뜻한 정성과 사랑으로 병을 이겨 내고, 차차 건강한 청년으로 성장해 갔다.

그리하여 야곱은 스물두 살 때, 뮬리겐 마을 목사의 딸 막달레나와 결혼하여 부부가 되었다.

페스탈로치의 집안에는 이제 슬픔을 가져다주는 어둠의 그림자가 물러간 듯이 보였다.

페스탈로치에게는 아직도 할 일이 많았다. 농사를 지어야 했고, 틈틈이 써 놓았던 글을 모아서 책도 내야만 했다.

그러는 한편, 그는 자신의 교육 정신을 뚜렷이 나타낼 수 있는 사업의 기회를 기다리고 있었다.

1797년, 페스탈로치는 지난 10년 동안의 침묵을 깨뜨리고 <인류의 발전과 자연의 탐구>와 <우화집>을 출간했다.

특히 <우화집>은 도덕, 교육, 사회에 대한 그의 주장을 재미있게 나타낸 작품이었다.

그가 침묵을 지킨 지난 10년 동안에 집필된 이 작품에서 그는 타락한 세상을 풍자했는데, 그의 뛰어난 관찰력과 상상력, 비판력 등 그의 문학적 기지가 잘 나타나 있다.

1789년, 페스탈로치가 마흔세 살 때였다. 프랑스의 국민은 루이 16세의 폭정에 시달려 마침내 혁명을 일으켰다.

프랑스 인구의 백 분의 일도 안 되는 귀족들만이 부를 독점하고, 사치스러운 생활을 즐기며 많은 세금을 거두어들이는 바람에 국민은 말할 수 없는 고통을 받고 있었다.

마침내 국민은 자유, 평등, 박애 정신의 기치 아래 군주

1789년 5월 삼부회가 소집된 베르사유 궁전의 화려한 내부

제도를 타파하고 공화 정치를 선포하게 된 것이다.

"왕정을 몰아내자!"

"이제야 국민이 마음 놓고 살 수 있겠구나!"

페스탈로치는 프랑스 혁명을 찬성하는 몇 가지 글을 발표했다.

이때 프랑스와 이웃하고 있는 스위스에서도 공화 정치를 하게 되었고, 페스탈로치의 친구인 슈타파는 교육부 장관이 되었다.

교육부 장관이 된 슈타파는 공화 정치를 바탕으로 한 <스위스 국민 신문>을 발간하기로 하고, 페스탈로치에게 주필을 맡겼다.

그러나 스위스 국민은 공화 정치를 환영하지 않고 있었기 때문에 신문은 잘 운영되지 않았고, 마침내 폐간하게 되었다.

이 무렵, 스위스의 슈탄스에서 난리가 일어났다.

슈탄스는 땅이 비옥하여 이 고장 사람들은 대체로 넉넉한 살림을 해 오고 있었기 때문에 공화 정치를 환영하지 않고 있었다.

이것을 안 프랑스는 마치 공화 정치를 반대라도 하는 줄 알고 군대를 동원하여 슈탄스를 공격케 한 것이다.

슈탄스는 금세 불바다가 되어 버렸고, 쉴 새 없는 요란한 총소리에 사람들은 이리 밀리고 저리 밀리며, 시체는 산더미처럼 쌓여 갔다.

이에 따라 부모를 잃고 고아가 된 아이가 109명이나 되었고, 굶고 있는 아이가 237명이나 되었다.

페스탈로치는 가엾은 어린이들을 생각하자, 잠을 이룰 수가 없었다. 이때 슈타파가 페스탈로치를 찾아왔다. 슈타파는 페스탈로치에게 관직에서 일하자고 권하러 온 것이다.

그러나 페스탈로치는 친구의 청을 거절했다.

"나를 생각해 주는 자네의 마음은 고맙네만, 지금 내게는 더 급한 일이 있다네. 정부의 관리가 되어 나라의 일을 돕는 것도 좋지만, 당장 눈앞에서 추위와 굶주림에 죽어 가는 고아들을 못 본 척할 수는 없지 않은가? 부잣집 아이들만이 나라의 국민이고, 가난한 사람이나 고아들은 이 나라의 국민이 아니란 말인가? 가난한 고아들의 교육도 실은 정부가 해야 하는 것이네. 그렇지 않은가?"

페스탈로치의 이 정열에 슈타파는 할 말이 없었다. 그러나 슈타파는 페스탈로치를 위해 다시 한번 권했다.

"자네 심정은 잘 알겠네. 그러나 지금 자네에겐 병석에 누워 있는 아내가 있지 않나? 아내를 위해서라도 이 일을 맡아 주게. 그래서 생활이 안정된 다음에 이상을 펼쳐도 늦지는 않을 걸세."

"아니야, 난 어렸을 때 늘 어머니에게서 이런 말을 들으며 자랐다네. 우린 무척 가난해서 배고픈 때가 많았지. 그래서 우리가 그걸 투정하려고 하면 어머니는 언제나 이 세상엔 우리보다 더 가난한 사람들이 얼마든지 있으니, 우린 그들을 도와야 한다고 하셨다네. 안나가 고생하는 것은 사실이지만 이 세상엔 안나보다 더 불행한 사람이 얼마든지 있다네. 안나도 이러한 내 마음을 이해해 줄 거네."

페스탈로치의 굳은 마음에 슈타파는 입을 다물어 버렸다.

슈타파는 슈탄스의 고아들을 위해 그곳에다 보육원을 지어 페스탈로치를 원장으로 임명했다.

페스탈로치는 병든 아내를 두고 혼자 가는 것이 마음에 걸렸으나, 10여 년 만에 꿈에도 잊지 못했던 일을 다시 하게 되어 한없이 기뻤다.

안나도 그러한 남편의 마음을 이해하며 울먹였다.

"오랫동안 바라시던 꿈이 이제야 이루어지는가 봐요."

"당신이 이해해 주니 정말 고맙구려."

"저도 함께 가서 당신을 도우면 좋으련만……."

1798년 페스탈로치의 나이 쉰두 살이 되던 해, 그는 슈탄스로 갔다. 그리고 이곳에서도 전과 같이 일하며 배운다는 교육 방침이었다.

한 달도 못 되어 아이들은 72명이나 모여들었다.

"온통 부스럼투성이구나!"

아이들은 창백한 얼굴에 두 눈만이 튀어나오고, 몸은 온통 부스럼투성이었다.

'큰일이군. 고아들을 수용할 건물은 형편없는 데다 쓸 만한 방은 단 한 개밖에 없으니……. 할 수 없지. 우선 병든 아이들만 침대에 재우고, 이 아이들은 동네에 있는 집으로 보내서 재워야겠어.'

그리고 페스탈로치 자신은 마룻바닥에서 잠을 잤다.

눈코 뜰 새 없이 바쁜 나날이었다. 그는 가족도 친구도 생각지 않고 오로지 고아들만을 위해 일했다.

고아들은 얼마 안 가서 밝은 얼굴을 되찾았고, 낮에는 일하고 밤에는 배우는 생활에 차차 재미를 붙여 갔다.

페스탈로치는 고아들과 똑같이 먹고 일하며 가르쳤고,

쉬는 시간에는 함께 노래도 부르고 춤도 추었다.

그러자 또다시 페스탈로치를 비방하는 소리가 여기저기서 들리기 시작했다.

고아가 아닌 가난한 집 아이들의 부모가 자기 아이들이 병이 나면, 페스탈로치의 부주의와 무성의로 앓게 되었다고 생각하고는 그를 비난하기 시작한 것이다.

이 소문은 정부에까지 들어가 페스탈로치의 교육법을 고치라는 지시가 내려왔다.

이렇게 괴로운 나날을 보내고 있던 1799년, 다시 슈탄스에는 폭동이 일어나 이를 진압하려고 프랑스 군대가 들어오게 되었고, 보잘것없는 보육원 건물은 병원으로 쓰이게 되어, 고아들은 거리로 나앉게 되었다.

이미 하나둘 떠나 버려 20여 명밖에 남아 있지 않은 고아들을 데리고, 어쩔 줄을 몰라 하던 페스탈로치는 그동안의 고생과 과로로 다시 폐가 나빠져 병석에 드러눕게 되었다.

정부에서는 새 원장을 임명하여 보냈다.

페스탈로치의 꿈은 또다시 산산조각이 나고 만 것이다.

페스탈로치는 친구의 권유로 극도로 쇠약해진 몸을 추스르기 위해 구르니겔의 온천장으로 갔다.

온천장에서 괴로운 몸을 달래고 있던 페스탈로치는 그래도 슈탄스에 두고 온 고아들의 생각이 잠시도 머리를 떠나지 않아 걱정되었다.

페스탈로치는 차츰 건강이 회복되어 다시 일자리를 찾았다.

정부에서 페스탈로치를 부르크도르프 빈민 학교 교사로 임명한 것이다.

이 빈민 학교는 엠메 강기슭에 있는 조용한 마을에 있었다.

그러나 이 마을에는 부자와 가난한 사람들이 사는 동네로 나뉘어 있어서, 가난한 집의 아이들은 부잣집 아이들이 다니는 학교에는 다닐 수가 없었다.

그는 이곳에서는 종래와는 달리 새로운 교육을 시도하기로 했다.

'종래의 외우는 방법을 버리고 실제로 물건을 보고, 생각하고 연구하는 공부를 시켜야겠어.'

페스탈로치는 나름대로 계획을 세워 나갔다.

"자, 여기 유리병이 있다. 실제로 보고, 또 손으로 만져 보아 그 형태와 느낌에 관해서 얘기해 보자."

그러자 사람들이 교육 방법에 대해 문제로 삼았다.

"아니, 무슨 교육 방법이 저래?"

"웃기는 선생 아니야? 저런 선생은 이 학교에서 쫓아내야 해."

장관이 페스탈로치의 새로운 교육 방법이 좋다고 건의하자 그들은 이렇게 빈정거렸다.

"쳇, 그렇게 좋은 방법으로 교육하는 선생이라면 차라리 부자 동네 학교로 보내시구려!"

한편, 교장 디스리 선생님도 페스탈로치를 비난하기 시작했다.

'이거 페스탈로치 선생에게 내 자리를 빼앗기는 거 아니야? 그렇다면 새로운 교육법을 열심히 반대해야지.'

19세기 프랑스의 농촌 여인들이 아이들과 함께 밀 이삭을 줍고 있다.

그래서 그는 부모님을 찾아다니며 페스탈로치는 엉터리 교사라고 거짓 소문을 퍼뜨리기도 했다.

"페스탈로치는 엉터리 선생이오!"

"뭐야? 엉터리 선생이라고?"

이렇게 되어 페스탈로치는 부르크도르프 빈민 학교에서도 물러나지 않을 수 없게 되었다.

빈민 학교를 그만둔 페스탈로치는 교육부 장관 슈타파의 주선으로 그곳 부자 동네 학교로 전근이 되었다.

이 학교에서는 다섯 살부터 일곱 살까지의 아이들 25명을 맡아 가르쳤다.

페스탈로치는 셈을 가르칠 때면 시냇가의 조약돌을 줍기도 하고 꽃밭의 꽃을 세어 보기도 하는 등, 누구의 간섭도 받지 않고 자기가 이상으로 여기는 방법으로 아이들을 교육했다.

이것이 오늘날 우리가 말하는 시청각 교육의 시초인 것이다. 그는 벌써 200년 전에 이미 이 교육 방법을 시도했다.

얼마 후, 페스탈로치는 학생이 60명이나 되는 학교로 옮겨 가게 되었고, 정부에서도 그의 교육 방법을 인정하여 표창까지 하게 되었다.

역사 속으로

시민 혁명의 전형, 프랑스 혁명

1789년 7월 14일부터 1799년 11월 9일까지 약 10년 동안에 걸쳐 프랑스에서 일어난 혁명으로, 절대 왕정의 구제도(앙시앵레짐)를 타파하고 자유 평등 사회를 건설하기 위하여 투쟁한 시민 혁명이다. 프랑스 혁명은 사상 혁명으로서 시민 혁명의 전형이라고 불린다.

혁명의 원인과 발단

혁명의 이념은 18세기 중반부터 몽테스키외·볼테르·장 자크 루소·디드로 등에 의해서 싹트기 시작한 계몽사상에서 비롯되었다. 그중에서도 특히 루소의 문명에 대한 격렬한 비판과 인민 주권론이 혁명 사상의 기초가 되었다.

프랑스의 신권 왕정 밑에서는 모든 국민은 단순히 국왕의 신하에 불과한 존재였다. 그 위에 소수의 귀족·성직자들만이 별도의 특권 신분을 누리며, 국민의 90퍼센트를 차지하는 평민 계급의 노동과 세금에 빌붙어 생활하고 있었다. 그러나 특권 계급

은 상층 시민과 손을 잡고 구제도를 유지하기 위해서 모든 수단을 동원했다. 게다가 루이 16세는 선량하고 신앙심이 깊은 인물이었으나 국정을 개혁할 수 있는 굳은 의지와 결단력이 없었다.

프랑스 혁명 당시 바스티유 감옥의 습격

그 무렵 자유를 위해서 투쟁한 미국 독립 전쟁의 승리는 절대 군주와 특권 계급의 탄압에 반항하는 프랑스 민중에게 큰 희망과 용기를 주었다.

1789년 5월 삼부회가 베르사유궁에서 소집되었을 때 드디어 삼부 합동으로 헌법 국민 회의가 이루어졌다.

그러나 루이 16세가 군대를 동원하여 의회를 위협하자 이에 화가 난 파리 시민들은 7월 14일 궐기하여 바스티유 감옥을 습격하여 죄수들을 석방했다. 이것이 프랑스 혁명의 발단이 되었다.

혁명의 의의

프랑스 혁명은 자본주의 발전기에 절대 왕정에 반항하여 봉건적 특권 계급과 투쟁하여 얻은 유산 시민 계급의 승리였다. 보통 이것을 시민 혁명이라 부른다.

이 시민 혁명이 진행되는 동안 자코뱅 당의 좌파가 기도한 절대 평등 사회의 실현은 실패했으나 프랑스 한 나라의 혁명에 그치지 않고 그 영향이 널리 전 유럽에 퍼져, 봉건 제도를 타파하고 자유주의·민주주의의 승리 기초를 세워 근대 사회의 성립에 결정적 역할을 했다.

프랑스 혁명 초기에는 절대주의 국가 간의 전쟁을 부정했다. 그러나 도중에 오스트리아 프로이센 등의 간섭 전쟁이 일어났고, 이어 영국이 참전했다. 이러한 외부의 압력을 받아 상황은 급속하게 전개되었고, 계속된 정치적 불안으로 결국 군대를 앞세운 나폴레옹의 쿠데타로 수습되었다.

새로운 교습법

1800년, 페스탈로치의 나이는 쉰네 살로 접어들었다.

그는 부르크도르프라는 옛 성의 조그만 방에서 혼자 새해를 맞이했다. 지난해 가을부터 이곳에서 자취 생활을 하고 있었다.

부인 안나와 떨어져서 홀로 살고 있는 그에게 새해 아침은 너무나 쓸쓸했다.

저녁때부터는 눈이 내리기 시작했다. 난로를 피우지 않은 페스탈로치의 방에는 싸늘한 냉기까지 감돌았다.

그때, 페스탈로치의 방문을 두드리는 사람이 있었다. 그는 전부터 페스탈로치를 존경하여 따르던 피셔라는 청년이었다.

"선생님, 잠깐 실례해도 괜찮겠습니까?"

"아, 피셔! 어서 들어오게, 그렇지 않아도 적적하던 참이야."

페스탈로치는 기쁜 얼굴로 피셔를 맞아들였다.

방으로 들어온 피셔는 호주머니에서 포도주병과 치즈를 꺼내 놓았다.

"선생님께서 매우 쓸쓸해하실 것 같아서 찾아왔습니다. 자, 한 잔 드십시오."

"이거, 정말 고맙네!"

두 사람은 포도주와 치즈를 먹어 가며 이야기를 주고받았다.

"피셔, 자네가 희망하던 사범학교의 설립은 매우 어렵게 된 모양이지?"

"그렇습니다, 선생님. 저는 아주 손쉽게 생각했었는데,

이젠 아주 포기할까 해요."

 피셔는 매우 우수한 성적으로 신학교를 졸업한 착실한 청년이었다.

 그는 학교를 졸업한 후 정부의 관리로 일해 오고 있었다.

 남달리 남을 사랑하는 마음과 박애 정신이 두터워 빈민 학교를 설립하여 국민 교육을 드높이고, 스위스의 앞날에 보탬이 될 수 있는 일을 하며 일생을 바치려고 생각하고 있었다.

 그래서 그는 사범학교의 설립을 강력하게 주장하여 마침내 정부에서는 그의 의견에 찬성하게 되었고, 부르크도르프의 옛 성을 학교로 사용해도 좋다는 허락을 받아 놓고 있었다.

 그러나 프랑스 군과 오스트리아 군의 싸움으로 부르크도르프가 황폐해지자 이제 사범학교를 만드는 일은 가망이 없게 된 것이다.

 "그건 이제 어쩔 수 없는 일이고요. 그것보다도 선생

님! 선생님의 새로운 교수법이 대단한 호평을 받고 있던데요."

피셔의 이 말에 페스탈로치는 큰 기쁨을 느끼면서도 겸손하게 대답했다.

"천만에! 아직도 연구할 여지가 많다네."

"아닙니다. 지난번에 선생님의 수업 시간을 참관했던 헤르바르트가 몹시 감탄하더군요."

"헤르바르트는 아직 젊고, 또 유망한 청년이니 반드시 나보다 훌륭한 새로운 교수법 이론을 만들어 낼 걸세. 나는 뚜렷한 이론도 세우지 못하고 그저 열심히 가르칠 뿐일세."

헤르바르트는 독일 사람으로 뒤에 철학자와 교육자로서 세계적인 명성을 얻었다.

"선생님! 어떻게 해서 실물을 사용하는 교수법을 깨닫게 되셨는지요?"

"실물을 사용하는 교수법을 제일 먼저 생각해 낸 것은 조그만 소녀였네. 그때 깨달은 사실인데, 어린이들이란 어른의 선생이더군."

"정말 그렇습니다. 선생님께서 어린이 이야기를 하시니까 생각나는데, 며칠만 있으면 이곳으로 많은 어린이들이 오기로 되어 있습니다."

"어린이들이? 어떤 아이들인가?"

"고아와 가난한 아이들입니다. 선생님께서도 잘 아시는 크림씨가 작년 11월에 저를 찾아온 일이 있습니다. 전쟁터의 가난한 어린이들을 돌볼 학교나 단체를 소개해 달라는 거예요. 저는 그 말을 듣고 무척 기뻤습니다. 그래서 이 근방의 넉넉한 집을 찾아다니며, 전쟁으로 인해 부모를 잃은 고아들을 맡아 길러 줄 수 없느냐고 물었지요. 그랬더니 모두 쾌히 승낙해 주더군요. 그래서 친구에게 편지를 써서 30명 정도의 불쌍한 아이들을 보내 주되, 그들을 위해 뒷바라지해 줄 만한 사람 하나를 같이 보내라고 했지요. 그랬더니 친구로부터 크류지라는 청년이 사내아이 16명과 여자아이 17명을 데리고 1월 26일에 이리로 올 것이라는 회답이 왔더군요."

"흠! 아주 좋은 생각을 했군. 그럼, 그 아이들의 교육을 자네가 맡아서 하겠단 말이지?"

"그렇습니다. 그 아이들은 각 가정에서 생활하면서 낮에는 이 성에서 교육을 받는 거죠. 저와 크류지가 그 아이들을 교육할 생각입니다. 그러나 저희 두 사람은 아이들에 대한 경험이 없어서 선생님의 도움을 받아야 할 형편입니다. 그러니 선생님께서 저희를 좀 도와주십시오."

"그야 물론이지. 내가 도울 수 있는 데까지 힘껏 자네들을 돕겠네."

페스탈로치는 피셔의 말에 크게 감동했다.

그 후 며칠이 지나서 1월 26일, 드디어 부르크도르프에 어린이들이 도착하여 교육을 받게 되었다.

피셔와 크류지는 페스탈로치를 모시고 새로운 교수법으로 열심히 아이들을 가르쳤다.

그해 3월, 전국적으로 초등학교 학생들에게 일제히 실력 검사가 실시되었다. 시험 결과 페스탈로치의 생각대로 그가 가르친 아이들의 성적이 가장 우수했다.

그는 시험 결과 발표 후, 정부로부터 상금과 감사장을 받았다.

 이로써 그의 새로운 교수법은 훌륭하게 성공했다. 페스탈로치는 몹시 기뻤으나, 그것으로 만족하지 않고 거듭 연구를 계속했다.

 그 후 페스탈로치는 또다시 자기의 교육 원리에 따르는 독특한 농민 학교를 창설하려는 생각을 교육부 장관에게

호소했다.

정부에서는 그에게 1,600프랑의 원조와 학교의 건물을 지을 수 있는 장소까지도 제공해 주겠다고 제의해 왔다.

이 소식을 듣고 훌륭한 교사들이 많이 몰려들었다.

페스탈로치는 새 학교에서 자신의 교육 이념을 실현하기 위해 열심히 일하기 시작했다. 하루의 일과는 아침 기도로 시작되었으며, 공부는 6시부터였다.

학교의 환경은 이제까지 페스탈로치가 가져 보지 못했던 최고급이었다. 페스탈로치는 말할 수 없이 기뻤다.

그러나 이 기쁨도 또 다른 슬픔에 따라 사라지게 되었다.

평소에도 몸이 허약했던 아들 야곱이 노이호프에서 그만 세상을 떠나고 만 것이다.

페스탈로치는 아들의 죽음을 전해 듣고, 이제까지 가족들에게 무심했던 자기의 잘못을 진심으로 뉘우쳤다.

페스탈로치는 당장 남은 가족을 모두 부르크도르프로 불러왔다. 오랜만에 식구가 한자리에 모이자, 페스탈로치는 마음에 여유가 생겼고, 일도 조금은 한가해졌다.

체르마트 지방의 역 앞 광장

그래서 오래전부터 계획하고 있던 교육 이야기 <게르트루트는 어떻게 자녀를 가르치는가>를 썼다.

이 책은 출판이 되자마자, 그 자신도 미처 생각지 못했을 만큼 평판이 좋아 스위스는 물론 독일, 프랑스, 그리고 멀리 이탈리아에서까지 이 책을 읽은 유명한 사람들이 페스탈로치를 찾아왔다.

그뿐만 아니라, 매달 12명의 교사가 연구하기 위해 정기적으로 페스탈로치의 학교로 찾아오게 되었다.

그동안 학생 수도 늘어나, 1803년 페스탈로치의 나이 쉰일곱 살이 되었을 때는 100명이나 되었다.

그리하여 부르크도르프는 유럽 교육의 중심지가 되었고, 페스탈로치의 이름은 더 유명해져 갔다.

그렇지만 학교가 한창 번창하고 있을 때 또다시 불행이 닥쳐왔다.

1803년 2월, 스위스에 새로 들어선 정부는 페스탈로치의 교육 방법을 못마땅하게 생각하고 통보해 왔다.

"이제부터 보조금을 끊겠소. 그리고 당장 부르크도르프 성을 비우시오!"

'4년 동안이나 정든 학교를 떠나야 한다니……'

페스탈로치는 대부분의 아이를 남겨 둔 채 7명의 교사와 6, 7명의 아이만을 데리고 이베르동으로 옮겨 오고 말았다.

이베르동 시는 페스탈로치를 크게 환영하고, 커다란 성까지 빌려주었다. 다시 자리를 잡은 페스탈로치는 용기가 솟아 교육에 온갖 정열을 쏟았다.

그의 교육 성과는 이곳에서도 대환영을 받았다.

그러나 페스탈로치의 고민은 점점 늘어만 갔다. 마음을 가라앉히고 이모저모 살펴보니 많은 결점이 눈에 띄었다.

우선 아이들의 숫자가 너무 많았다.

그런 데다 교사들까지 자기의 신분을 잊고, 외국 손님의 접대에만 분주하게 설치는가 하면, 또 새로운 교육 방법의 연구에만 열중하여 이론만 따지는 일이 많았다.

그래서 페스탈로치의 뜻을 따르려는 교사들과 충돌을 일으키는 일이 잦았다.

특히, 선생님 중에서도 페스탈로치의 양 팔이라고 할 수 있는 니이데러와 시미트 교사 사이의 세력 다툼으로 학교는 점점 기울어져 갔다.

니이데러는 스물네 살에 교사가 된 사람으로 머리가 영리하고 학식도 깊었으며, 글도 잘 쓰고 말도 잘하며 페스탈로치가 아끼던 사람이었다.

니이데러는 페스탈로치의 새 교육 방법을 이론으로 꾸며 주었으나, 자기 생각을 지나치게 넣어서 페스탈로치의 생각과 다르게 만든 점이 많았다.

시미트는 가난한 농부의 아들로 태어나서 이곳으로 온 다음 해에 학생으로 들어왔는데, 재주가 있는 데다가 열심

히 공부한 결과로 3년 후에 조수로 뽑혔다.

시미트는 교수 방법이 훌륭했으나, 그에게는 야심과 남을 지배하기 좋아하는 면이 있었다.

니이데러도 자기를 굽히지 않았고, 시미트도 누구에게나 지지 않으려고 했다.

페스탈로치는 중간에서 화해를 시키려고 애썼으나 번번이 허사였다. 결국 시미트는 학교를 그만두고 1811년, 오스트리아의 빈으로 떠나 버렸다.

이것은 페스탈로치가 예순다섯 살 때의 일이었다.

시미트가 떠난 후 학교는 잠잠해졌다. 니이데러는 시미트가 학교를 떠난 것이 자기의 책임이라고 느꼈는지, 전보다 더욱더 열심히 일했다.

한편, 페스탈로치가 유명해진 것을 시기하는 사람들이 또 페스탈로치의 교육 방법을 비난하고 나쁜 소문을 퍼뜨렸다.

이에 맞서서 니이데러는 책을 써내어 페스탈로치를 높이 평가했다. 또한 독일에서는 피셔의 뜨거운 호소에 따라 페스탈로치의 새 교육 방법을 채택하여 나라의 힘을 되찾았다.

이렇게 되자 독일 출신 교사들이 모두 귀국해 버려 이베르동 학교에는 교사가 부족하게 되었다.

이론에 밝은 니이데러는 실제 일에서는 시미트를 따르지 못했다.

"역시 시미트가 있어야 해, 아까운 사람을 놓쳤어!"

결국 니이데러의 사과로 시미트는 5년 만에 다시 이베르동으로 돌아왔다.

"오, 시미트가 돌아왔구나. 사랑하는 나의 제자야!"

일흔 살인 페스탈로치는 시미트를 두 팔로 뜨겁게 껴안아 주며 한없이 울었다.

그러나 이러한 기쁨도 잠시, 페스탈로치에게 또다시 어두운 그림자가 찾아왔다.

1815년 12월 2일 눈이 펑펑 쏟아지던 몹시 추운 겨울날, 페스탈로치의 아내 안나가 급성 폐렴으로 세상을 떠났다.

한편, 학교로 다시 돌아온 시미트는 기울어진 학교를 정

비하느라 바빴다.

"학교의 명성을 되찾으려면 모든 것을 고쳐야 합니다. 우선 교사들의 월급을 절반으로 줄이고, 교사들도 감원해야겠습니다."

이것이 폭발의 시초가 되어, 교사들은 페스탈로치를 존경하면서도 시미트가 미워서 하나둘 학교를 떠나 버렸다. 결국 시미트와 니이데러만 남게 되었다.

그렇지만 남은 이 두 교사마저 계속 물과 불의 앙숙으로 싸우는 바람에 아이들은 제대로 공부할 수가 없었다.

아이들도 하나둘 잇달아 학교를 그만두었다.

니이데리도 시미트에 져서 결국 학교를 떠나고 말았다.

페스탈로치는 학교가 쓰러져 가는 것을 보고 고민한 나머지, 마침내 몸이 쇠약해져 걸음조차 걷기 어렵게 되었다.

페스탈로치는 시미트의 권고에 따라 브레 마을 휴양지로 가서 요양한 후 건강을 회복하여 다시 학교로 돌아왔다.

어느덧 페스탈로치는 여든 살 가까운 노인이 되어 있었다.

그러나 굽힐 줄 모르는 의지력으로 그는 그 무렵 라틴어 책을 읽고 있었다.

그러던 어느 날이었다. 성 밖에 나갔던 시미트가 헐레벌떡 페스탈로치의 방으로 뛰어 들어오더니 눈물을 흘리면서 말했다.

"선생님, 아무래도 제가 이곳을 떠나야겠습니다."

깜짝 놀란 페스탈로치는 그 이유를 시미트에게 물었다.

시미트는 이베르동으로 옮겨 온 뒤 그때까지 미처 주민 등록을 하지 않고 있었다.

그런데 그를 미워하는 무리가 이 사실을 눈치채고 그를 이 마을에서 쫓아내려 하고 있었다.

"내가 사람들에게 양해를 구해 보겠네."

페스탈로치는 사람들의 양해를 얻기 위해 사방으로 뛰었으나 그들은 한결같이 거절했다.

"미안하지만 그런 부탁을 들어줄 수 없습니다."

그렇다고 홀로 그곳에 계속 머무를 수도 없었다.

그리하여 1825년 3월, 페스탈로치는 빈집이나 다름없는 이베르동 학교를 해산하고 시미트와 4명의 고아를 데리고 노이호프로 돌아왔다.

노이호프에는 며느리인 막달레나도 이미 세상을 떠나고, 손자인 고트리브가 시미트의 누이동생과 결혼하여 농사를 짓고 있을 뿐이었다.

노이호프는 페스탈로치가 아내 안나와 함께 커다란 희망을 품고 새출발을 했던 곳이었지만, 지금은 아내마저 잃어버린 늙은 몸으로 새출발을 하기 위하여 다시 찾아온 것이다.

노이호프에서 다시 학교를 열려고 했으나, 돈도 없었고 후원해 주는 사람도 없었다.

이리하여 페스탈로치의 마지막 꿈은 물거품이 되어 버렸다.

그러나 그는 잠시라도 어린이들과 떨어져서 살 수는 없었다.

세월은 자꾸만 흘러 그는 팔십 고개에 이르렀다.

여든 살의 노인이 된 페스탈로치는 지팡이를 짚고 이웃 마을로 가서, 초등학교 어린이들이 뛰노는 것을 보며, 그것을 즐거움으로 삼았다.

그리고 호이겐의 트에라라는 보육원도 자주 찾아갔다.

고아의 아버지가 된 페스탈로치는 가는 곳마다 제자들이 있어 늘 환영을 받았다.

페스탈로치는 노년을 가족들의 사랑 속에 파묻혀 보내면서 자기의 걸어온 생애를 그대로 옮긴 자서전 <백조의 노래>와 <내 생애의 운명>이라는 책을 써서 발표했다.

1827년, 혹독하게 추운 어느 겨울날이었다.

보육원 어린이들에게 가져다줄 조약돌을 주우러 개울에 나갔던 페스탈로치는 갑자기 다리가 휘청거려서 그만 길가에 주저앉고 말았다.

이때부터 그는 병이 나 자리에 눕게 되었다.

한번 자리에 누운 뒤로 페스탈로치의 병은 점점 악화했다.

손자 고트리브는 몇 차례 의사 선생님을 왕진케 하여 정성껏 치료했으나 아무런 보람도 없었다.

고트리브는 의사의 집 근처에 셋방을 얻어 페스탈로치를 그곳에다 모셨다.

하지만 아무리 정성을 다해 간호해도 페스탈로치의 병은 더 악화해 죽음의 시간만 기다리고 있는 것 같았다.

소리 없이 눈이 내리던 1827년 2월 17일 아침, 페스탈로치는 가족들을 머리맡에 불러 놓고 마지막 작별을 고했다.

"애들아, 너희들은 주위의 모든 사람, 특히 가난한 사람에게 착한 일을 하기 바란다. 나는 나를 괴롭혀 온 모든 적을 용서하고 사랑한다. 내가 지금 영원한 평화를 찾아가려는 것처럼 그들도 평화를 발견하게 되기를 빈다. 나는 6주간만 더 살면서 내 글을 완성하고 싶지만, 하늘나라로 부르신 하느님의 뜻에 감사한다. 너희들은 조용한 노이호프에서 부디 행복하게 살기 바란다."

이 말을 남긴 뒤 페스탈로치는 조용히 숨을 거두었다. 이때 그의 나이는 여든한 살이었다.

그의 장례식은 가족과 학교 선생님과 어린이, 그의 친구와 동네 사람들이 모두 모인 가운데 간소하게 치러졌다.

참으로 쓸쓸한 장례식이었다.

그러나 그가 죽은 뒤, 오늘날까지도 그를 존경하고 따르는 세계의 모든 교육자는 그를 근대 교육의 아버지라고 부르며, 그가 생전에 하지 못한 이상을 실천하기에 전력을 기울이고 있다.

지금도 스위스를 여행하는 사람이면 누구나 그의 무덤을 지키고 있는 묘비를 볼 수 있다.

하인리히 페스탈로치 이곳에 고이 잠들다.

1746년 1월 12일, 취리히에서 태어나서 1827년 2월 17일, 부르크에서 죽다. 노이호프에서는 빈민의 구제자였고, 슈탄스에서는 고아의 아버지, 부르크도르프에서는 새로운 초등학교의 창설자, 이베르동에서는 인류의 교육자였다. 참된 인간이요, 기독교인이요, 시민이었다. 모든 일을 오로지 남을 위해서만 베풀었을 뿐, 자신을 위해서는 아무것도 한 것이 없다. 그의 영혼에 영원한 신의 축복이 있으라.

페스탈로치의 생애

요한 하인리히 페스탈로치는 스위스의 교육자, 교육학자로서 '근대 교육의 아버지'로 불리고 있다. 그는 루소의 사상에 영향을 받아 농촌 계몽과 교육에 헌신하기로 결심하고 농장을 설립했으며, 보육원과 학교도 세웠다. 그는 아이들의 자발적 활동을 통하여 여러 능력을 조화롭게 발전시키는 교육을 제시하고, 그러한 교육 이념과 방법을 실현하기 위하여 노력했다.

페스탈로치
(Johann Heinrich Pestalozzi 1746~1827)

1746년
스위스의 취리히에서 태어났다.

1763년
취리히 인문 대학에 입학하여 신학을 공부했다.

1769년
취리히 인문 대학 보드머 교수와 루소의 영향을 받아 농장을 세웠다. 대학의 같은 단체에 소속되어 있던 안나와 결혼했다.

1771년
'노이호프 농민 학교'를 세웠으나 실패하고 가난한 아이들과 고아들을 모아 교육 사업을 시작했다.

1780년
인도주의적이며 종교적 색채가 짙은 <은자의 저녁>을 출간했다.

1781년
<라인하르트와 게르트루트>를 출간했다.

1798년
슈탄스 보육원 원장이 되었다.

1800년
부르크도르프에 농민 학교를 세웠다.

1801년
<게르트루트는 어떻게 자녀를 가르치는가>를 출간했다.

1804년
이베르동에 세운 마지막 학교가 성공하여 유명해졌다. 이곳을 통해 자신의 교육 이념 및 방법의 실현을 위해 노력했으며 그 결과 유럽의 여러 나라에 많은 영향을 끼쳤다.

1825년
노이호프로 돌아왔으나 자신의 교육 방법이 승리하리라는 것을 확신했다. 1827년 여든한 살의 나이로 세상을 떠났다.